U0552534

EXPLORING REAL HUAWEI
From the words to
the nature of Huawei Basic Acts

要学就学真华为

从《华为基本法》到华为基本做法

谭长春◎著

企业管理出版社
ENTERPRISE MANAGEMENT PUBLISHING HOUSE

图书在版编目（CIP）数据

要学就学真华为：从《华为基本法》到华为基本做法 / 谭长春著. -- 北京：企业管理出版社，2021.11
ISBN 978-7-5164-2498-8

Ⅰ.①要… Ⅱ.①谭… Ⅲ.①通信企业—企业管理—经验—深圳 Ⅳ.① F632.765.3

中国版本图书馆 CIP 数据核字（2021）第 181435 号

书　　　名：	要学就学真华为——从《华为基本法》到华为基本做法
作　　　者：	谭长春
责任编辑：	尤颖　曹伟涛
书　　　号：	ISBN 978-7-5164-2498-8
出版发行：	企业管理出版社
地　　　址：	北京市海淀区紫竹院南路 17 号　邮编：100048
网　　　址：	http://www.emph.cn
电　　　话：	编辑部（010）68487630　　发行部（010）68701816
电子信箱：	zbz159@vip.sina.com
印　　　刷：	河北宝昌佳彩印刷有限公司
经　　　销：	新华书店
规　　　格：	710 毫米 × 1000 毫米　1/16　21 印张　269 千字
版　　　次：	2022 年 1 月第 1 版　　2022 年 1 月第 1 次印刷
定　　　价：	78.00 元

版权所有　翻印必究　·　印装有误　负责调换

不止于《华为基本法》

——彭剑锋

二十四年前完成并发布的《华为基本法》中第六条写道：资源是会枯竭的，唯有文化才会生生不息。一切工业产品都是人类智慧创造的。华为没有可以依存的自然资源，唯有在人的头脑中挖掘出"大油田""大森林""大煤矿"……精神是可以转化成物质的，物质文明有利于巩固精神文明。我们坚持以精神文明促进物质文明的方针。

这里的文化不仅仅包含知识、技术、管理、情操……也包含了一切促进生产力发展的无形因素。

是的，"人的头脑中，有'大油田''大森林''大煤矿'……"是的，"知识、技术、管理、情操……都是促进生产力发展的无形因素"。写书总结经验，正是将经验积累并提升成知识，作为促进生产力发展的无形因素而长续存在。

《华为基本法》
要成为指导华为前进的理论

1995年，华为公司要写《华为基本法》，任正非说："如何将我们10年宝贵而痛苦的积累与探索，在吸收业界最佳的思想与方法后再提升一步，成为指导我们前进的理论，以避免陷入经验主义，这就是我们制定公司基本法的基本立场。"

我当时的理解是：公司规模越来越大，员工越来越多，管理问题越来越突出，其中一项就是公司高层与中层干部对企业价值观等难以达成共识，难以沟通。下面的人天天琢磨老板在想什么，觉得老板的话越来越难以听懂；老板则觉得下面的人日益缺乏悟性。

于是任正非提出华为要进行系统的总结与提炼，找一些具有普遍性、规律性的东西出来。

如上所述，华为公司普遍性、规律性的内容是指导华为前进的理论。从推广来看，华为经过实践而总结出的普遍性、规律性的体系化内容经企业咨询专家的梳理、提炼以及适应性拆解，是否可能也是指导本土企业前进的理论借鉴？

企业持续发展
需持续动力

任正非说：基本法不是为了包装自己而产生的华而不实的东西，而是为了规范和发展内部动力机制，促进核动力、电动力、油动力、煤动力、沼气动力……一起上，沿着共同的目标，是对华为可持续发展的一种认同。

企业要实现持续性发展和长期主义，就需要持续的动力。华为公司正是由于建立起了完善的管理体系、文化体系，才能够支撑起企业的发展。

任正非还说过：所有产品都会过时、被淘汰，管理者也会更新换代，而企业文化和管理体系会代代相传。因此我们要重视企业在这方面的建设，这样公司就会在奋斗中越来越强，越来越厉害。

正是因为华为公司重视企业文化与管理体系的建设，并持续不断地完善管理体系，既有了持续动力，又能在动力基础上健全约束机制，否则企业内部会形成布朗运动。从而，将企业成功的基本原则和要素系统化、规范化、制度化，将企业家的智慧转化为企业的智慧，并且不断传承下去，让企业生生不息。

华为公司的不懈动力来自公司持续不断地完善"思想华为""管理华为"等方面的理论。

不止于《华为基本法》，让更多企业发扬思想与管理研究

作者原来在多家全球一流企业工作，有着对全球一流经营管理理念与运营的深刻理解与应用，他又为本土企业进行管理咨询服务十多年，积累了非常丰富的各级本土企业的管理服务经验，现又利用管理咨询的企业服务与研究优势，以及基于华夏基石本身对华为公司管理思想与最优实践的研究氛围，花了大量时间与精力对华为公司进行深入研究及企业实践，对华为公司的一些管理思想与实践进行了总结。这其实就是挖掘出"大油田""大森林""大煤矿"……促进更多的

企业学习与交流，并更多地实现"动力机制，促进核动力、电动力、油动力、煤动力、沼气动力……一起上，让本土甚至全球更多的企业能够在奋斗中越来越强，越来越厉害，促进生产力发展。"

让我们一起通过点点滴滴、锲而不舍的艰苦追求，使更多企业成为世界级领先企业。

是为序。

《华为基本法》撰写组组长
华夏基石管理咨询集团董事长　　彭剑锋

前言

学习华为，能让企业从零起飞！

这是最近这些年我的真切感悟。

原来我的职业经历都在外资企业，研究外企的成功经验的时候也居多。这些年我在华夏基石管理咨询集团从事企业咨询顾问工作，一研究华为，发现自己立刻被华为深深吸引，甚至可以说完全被华为的成功经验折服。

华为给更多中国创业家、企业家以指引、以力量

可口可乐等外资企业的成功经验相对比较成熟，简单直接照用就行，能产生比较好的效果。如可口可乐的品牌法则、渠道运营体系、消费者洞察、销售拜访开发与管理、政策制订等，一学就能用。

而研究华为时却相对有些不同，外企在经营板块讲满足消费者需求，而华为是整个公司以客户为中心；外企讲团队与伙伴运作，华为

讲整个公司以奋斗者为本;外企讲利润故事,华为却讲价值金三角;外企有经营经验,华为讲管理哲学……

两者仔细相比,发现还是有一些差异。可口可乐等公司代表西方大企业的经验,是多年全球运作以后取得的全球运营经验的总结,背景、条件、要素、环境更加中和,是企业创业成功以后的可持续发展之道。而华为公司30多年的曲折发展,而后高歌猛进,其创业的艰辛、独特股权模式的缘起、二次创业的崛起、任正非管理思想的不断成熟、《华为基本法》作为华为经营管理大纲的作用、员工奋斗者的特色等,我们既能看到华为创业成功背后的一些重要思想、逻辑、脉络,也能发现其可持续发展背后的一些重要路径、重要手段、重要方法,还能发现华为成功背后与国情最相近的决策者与员工的特点,以及与之相匹配的风范、精神、力量与管理体系。

所以,相较而言,华为公司的成功经验被挖掘,在当下环境里,可能更能给中国的企业家、创业家以指引、以借鉴。

三个"华为",您学哪个?

我们在对华为进行深入的分析研究发现,竟然有三个"华为"!

哪三个"华为"呢?基本可以概括为思想华为、管理华为、实体华为三个方面。

为什么很多企业说华为比较难学?其实问题可能就在这里。如果你学"实体华为",行业专业差异都比较大;如果是学"管理华为",华为改善管理花了10年、20年从未停歇,过程中有升级甚至也有自我否定再调整,你可能也需要有这种坚持,并且这些都缘于思想华为的正确性;而"思想华为"作为学习华为的第一步,则相对来讲有共同的文化基础和企业经营基础，同时这个绝对是指引、指导"管理华为"与"实体华为"的基本条件。

"思想华为"从哪里开始学起呢？我们可以看到网上有大量的华为公司已公开文件以及任正非的讲话，可是不少文件与讲话都有背景，自己及让员工学习，有可能还会误导，我们建议从《华为基本法》开始，这是第一次对华为的经营管理以及任正非的管理思想进行的总结，全面而系统。

学了这个以后，再对华为的员工股权激励、矩阵组织结构、PBC（个人绩效承诺）、战略规划BLM（业务领导力模型）与执行BEM（业务执行力模型）、IPD（集成开发系统）、LTC（线索到现金）等进行针对性学习，可能才会更有理解、体会，才具可借鉴性。

任正非：总结得越多，越能网大鱼

任正非说：一个人再没本事，也可活到60岁，但企业如果没能力，可能连6天也活不下去。如果一个企业的发展能够顺应自然法则和社会法则，那么其生命可以达到600岁，甚至更长时间。

他也说过：……总结得越多越能网大鱼……要把经验写出来，年轻人看了案例，上战场再对比一次，就升华了。

此书框架，涵盖如下主要内容，期待中国产出更多的华为！

1. 专设理念篇中，描述华为的企业管理哲学是什么，为什么企业最大的管理权是思想权，《华为基本法》对华为的作用与影响，对任正非灰度哲学的理解，近年华为的企业经营管理新理念创新分析，华为的人的哲学，华为如何制定战略等。

2．在模式与经营篇中，对华为公司的以客户为中心，员工持股，技术第三，科学管理，局部利益与整体利益，指标论与目标论，静水潜流，不做昙花一现的英雄，自我批判，不推崇田忌赛马，从零起飞奖，板凳要坐十年冷，没有成功只有成长，学习型组织等进行了阐述。

3．在人力资源与组织篇中，对华为公司的"铁三角"，组织管理，团队建设，猛将必发于卒伍，任正非的新员工观，PBC，华为素质模型，薪酬管理体系，绩效制度建设，研发人员素质模型，研发人员培养体系等进行了撰写。

4．在干部与领导篇中，对华为公司的任正非的领导力，领导力之基础素质模型，干部选拔培养与考核，好干部的标准，"班长的战争"，华为的员工为什么愿意艰苦奋斗，中高层管理者述职模型等进行了分析。

5．在企业文化篇中，对华为公司的性格特征，华为企业文化理念的先进性到底在哪，华为企业文化落地的先进性，华为企业文化建设对其他企业的意义，做大做强企业必读，中国老板自我进化与传承必读，企业文化如何做实等进行了分解。

目录

第一章
真华为的核心是任正非的管理哲学

2 / 管理哲学是企业经营的 DNA

12 / 企业核心权力——思想权与文化权

20 / 每个企业都要有自己的《华为基本法》

27 / 从"灰度哲学"到无边界管理

33 / 任正非对经营管理思想的开创与创新

41 / 华为用人哲学：人才资源优先

48 / 从华为的战略制定中能学到什么

第二章
真华为鲜为人知的经营模式

58 / 华为之本：以客户为中心

69 / 华为培养"主人翁"的"员工持股制度"

77 / 为什么注重技术的华为却提倡"技术第三"

82 / 华为的"中国化管理体系"建设之路

88 / 华为协调局部利益与整体利益的解决制度

94 / 华为对指标论与目标论的解读与区分

100 / 移动互联时代更需"静水潜流"

105 / 不做昙花一现的英雄

110 / 从一则通告看华为的自我批判

116 / 追求整体取胜，不搞"田忌赛马"

121 / 企业要敢于"从零起飞"才能"飞得更高"

127 / 板凳要坐十年冷，潜心静气练真功

135 / 华为没有成功，只有成长

141 / 华为——无边界的学习型组织

第三章
真华为"铁军"制造营：善打硬仗、能打胜仗

148 / 稳定企业管理各个系统的华为"铁三角"

154 / 从"矩阵"到"大平台"，独特的华为组织管理

161 / 华为"铁军"善打硬仗、能打胜仗的策略

167 / 华为，猛将必发于卒伍

173 / 华为核心能力建设：新员工观

180 / 改善绩效：华为的个人绩效改善工具

188 / 基于《华为基本法》的华为素质模型

195 / 坚决向优秀员工倾斜

202 / 从绩效考核升级到绩效管理

209 / 研发人员胜任的必备素质

216 / 从新人到专家，华为培养研发人员的成长机制

第四章
真华为干部如何领导"士兵"、培养"英雄"、选拔"将军"

224 / 任正非的"一桶糨糊"

231 / 华为为什么良将如云

240 / 华为如何培养和选拔"带兵打仗"的"将军"

248 / 好干部的标准体现出任正非管理思想的价值

254 / "班长的战争"

261 / 华为员工为什么愿意艰苦奋斗

268 / 在华为，任正非也要述职

第五章
真华为做迅速扩张和成长的"薇甘菊"

278 / 华为的成长要有"倒生长模式"

282 / 让华为茁壮成长的企业文化的先进性体现在哪里

291 / 华为持续发展，企业文化如何落地

298 / 华为企业文化蕴含的业务逻辑和商业智慧

305 / 知识资本化与产权制度促使华为持续增长

310 / 向任正非学习如何交接班

317 / 企业文化的务虚与务实

Chapter 1

第一章

真华为的核心是任正非的管理哲学

管理哲学是企业经营的 DNA

《华为基本法》到底给华为和中国企业带来了什么？众说纷纭，各有解读。

任正非说：《华为基本法》是华为公司在宏观上引导企业中、长期发展的纲领性文件，是华为公司全体员工的心理契约。

《华为基本法》是对华为管理思想、管理制度的一次综合表述与总结。从溯源的角度来看，《华为基本法》首先给中国企业带来的是企业要可持续性增长与发展，需要有自己的管理哲学。而从任正非的管理哲学中，《华为基本法》提炼了精准、有效的管理思想。

人民日报评价：它是中国民营企业走出混沌，完成系统思考的标志。系统思考，源于华为有任正非的正确管理哲学观做指导。

管理哲学与企业家决策

所谓管理哲学，就是对一般管理的世界观与方法论的总称，是管理学与哲学的交叉部分，管理哲学兼具二者的特性。我们在翻阅管理哲学的著作与理论过程中，发现一些基本观点。

（1）管理哲学也指最高管理者为人处事的基本信仰、观念及价值偏好。

（2）管理哲学的基本问题：管理是什么？为什么管理？如何管理？现实中人们基本只关注如何管理。管理哲学其实主要阐明前两个问题。

（3）西方从企业出发认识管理，中国却是从哲学走向管理。

（4）中国有着成功的传统管理范式：文化管理。比如"为政要看《曾国藩》，经商要看《胡雪岩》。"

总之，一个企业家决策品质的优劣，在于他本人的管理哲学是如何形成的，并且是如何激发企业家信仰、观念、原则、价值的。

在此，我们不去研究管理哲学的概念、理论、体系，而是从管理哲学与企业家关系说起。

管理哲学在华为管理中的部分体现

管理哲学主要与创始人的经历、背景、学识、环境及思考有关，而任正非的思想原理主要来自三个方面。

- 中国传统文化
- 领导思想、军队文明等
- 西方现代商业文明

何以说明？我们先来列举一下，中国传统文化对任正非的影响。

（1）价值观：以艰苦奋斗为本，长期坚持艰苦奋斗！

（2）员工持股制度：耕者有其田，"和合"文化。

（3）灰度哲学：方向是随时间与空间改变的，它常常会变得不清晰。并不是非白即黑、非此即彼。

（4）最基本的使命：活下去。

（5）技术创新：鲜花插在牛粪上。

（6）任正非说："华为快三十年了，需要新生。"

（7）任正非说："十多年来，我天天思考的都是失败，是危机感。"

（8）危机管理：华为总会有冬天，准备好棉衣，比不准备好。

（9）任正非说："如果华为能坚持力出一孔，利出一孔，下一个倒下的就不会是华为。"

（10）任正非说："开放、妥协、灰度是华为文化的精髓，也是领导者的风范。"

再看看针对军事上的劳动、纪律、对抗等，产生了如下的一系列管理思想。

（1）项目管理"铁三角"：核心成员、项目扩展角色成员、支撑性功能岗位成员。

（2）农村包围城市。

（3）胜则举杯相庆，败则拼死相救。

（4）让听得见"炮声"的人来为华为决策。

（5）建立快、准、狠的强大组织执行力。

（6）"铁军"是打出来的，华为的"兵"是爱出来的。

（7）只进攻一个城墙口等。

以上这些促进了以客户为中心、市场服务、策略制度的实现。

再则，针对西方商业文明以及科学管理制度，产生了理性权威、干部九条、轮值EMT（经营管理团队）制度、绩效管理、IPD、

BLM、PBC等思想与制度体系。

它们的交汇使我们更能看到华为在发展过程中的进化。华为公司基本法是中西文化的融合。

（1）从创始人管理到规范化的科学管理。
（2）客户的存在是华为存在的唯一理由的不变性。
（3）抓思想权、文化权，将其作为最大的管理权。
（4）价值观的管理一体化归宗，管理的通晓人性，以及理性权威的融合。
（5）价值创造、价值评价、价值分配的合理性。

华为管理哲学对企业成功的启发一：客户为中心

"现代管理学之父"德鲁克的观点是"企业经营要从客户出发"，现在已经有分析说，任正非"以客户为中心"的认知从时间点上来看，可能不是因为学习德鲁克而得到的。

记者曾问任正非："市面上有很多书写华为管理，您认为华为存在管理秘籍吗？"任正非回答道："我认为华为所有的哲学就是以客户为中心，就是为客户创造价值。"

还有下面这些"以客户为中心"的表达。

（1）眼睛盯着客户，屁股对着领导。
（2）以客户为中心，就是要帮助客户取得商业成功。
（3）产品研发既面向客户，又面向未来。
（4）人才、技术、资金都可引进，唯独"以客户为中心"不能。

以客户为中心，看似很普通的一个概念，即使给多年营销一线的人看来，如此大量地强调，也是不可想象的。这只能说明任正非已经将客户为中心的理念深入血液和骨髓。

任正非何以如此重视与强调以客户为中心？可从任正非的一句话中看出端倪：是客户在养活华为。任正非小时候家里很苦，父母养活一家人不容易，所以"客户在养活华为""客户是华为的衣食父母"是基于任正非的管理哲学，进而形成华为价值观的最根本原因。

是"养活"二字，形成了任正非的商业信仰与"以客户为中心"的价值观。

华为管理哲学对企业成功的启发二：以奋斗者为本

2014年出版的《以奋斗者为本》，是由《华为基本法》撰写组成员之一的黄卫伟教授编著的。该书讲述了华为管理层对企业管理具体问题和案例展开的讨论、争辩和反思的故事。

书的扉页有一段《华为基本法》里的话：资源是会枯竭的，唯有文化才会生生不息。

"把这句话放到《以奋斗者为本》的扉页上，是希望通过这句话告诉中国人，中国的自然资源其实是有限的，靠经营自然资源没有出路。中国最丰富的资源是人力资源，要靠经营人力资源在世界上获得领先地位。"对于为何选择华为核心价值观之一的"以奋斗者为本"作为本书书名，黄卫伟老师如是说。

从这句话可以看出任正非提出以奋斗者为本的原因：通过中国人、人力资源、自然资源这几个关键词，说明了在任正非眼里，"人"是根本。而任正非不只说以人为本，而是以奋斗者为本，提倡知识资本，又上升了一个层次。

西方重视制度、规则、程序，中国在重视这些的前提下，更重视人。

至于奋斗，则是中国人民勤劳的本色，以及任正非在部队里历炼到的艰苦作风。

_ 华为管理哲学对企业成功的启发三：员工持股

华为的分配制度也不是学的西方。

这来源于他跟父亲交流的感悟。创业初期，他父亲说："民国年间，都是大老板投资，再请掌柜的。掌柜不出钱，每年却可以有四至六成的分红。掌柜的都是自己给自己加压。"当局者迷，旁观者清。父亲的话一下子点醒了任正非。他便极早开始实施了华为的员工持股制度。

这也是传统的中国文化带来的影响，从而推动其做出员工持股决策。

_ 华为管理哲学对企业成功的启发四：科学管理制度

任正非说："当我们第二次创业，走向规模化经营的时候，面对的是国际强手，他们有许多十分宝贵的经营思想与理论，可以供我们学习参考，在吸收业界最佳思想与方法后，进一步提升，成为指导我们前进的理论，避免陷入经验主义，这是我们制定公司基本法的基本立场。"

而在1997年制定《华为基本法》时，任正非带队去了IBM，听了一天的管理介绍，任正非对IBM这样大型公司的有效管理和快速反应有了新的了解，对华为本身存在的缺陷以及如何在扩张过程中解决管理不善、效率低下和浪费严重的问题有了新的认识，对华为在未来的成长与发展过程中如何少走弯路，也有了新的启发和思路。

任正非怦然心动：华为要像 IBM 一样强大，必须将其管理精髓移植到华为身上。这是华为成为"世界一流企业"的必经之路，也唯有如此，华为才能逐步走向规范化、职业化和国际化。

而这些，都要归于"要超越谁，就先学谁"的朴素思想：师夷长技以制夷。

"我什么都不懂，就懂一桶糨糊，把十几万人粘在一起，才有今天华为这么强大。""华为就是傻。"这来自中国传统的忍辱负重、勤劳勇敢、不屈不挠的谦卑。任正非还说："好的领导应该有一股傻劲儿。"

所以，从这来看，任正非对管理哲学、思想的中西融合走在中国甚至世界的前列。

华为管理哲学对企业成功的启发五：诚信

任正非这样表达自己的诚信观："爹还是那个爹，娘还是那个娘。做企业就是要对得起客户，你给他们满意的产品，他们就付钱养活你。"

"就是要诚信，品牌的根本核心就是诚信。你只要诚信，终有一天客户会理解你的。"

对父母、对宗教般地对客户，建立企业的诚信。这又是对中国传统文化、对西方宗教洋为中用的综合管理哲学思想。

华为管理哲学对企业成功的启发六：灰度

为了更好地阐释灰度管理，《中国企业家》杂志刊登的《任正非总结华为成功哲学：跳芭蕾的女孩都有一双粗腿》一文中指出：我们不能形而上地认为世间的事物非白即黑；在一定条件下黑白可能互相转化，黑可能变成白，白亦可变黑。所以，那种极端、绝对化、一成不变的观点都是不正确的。

我们也一定知道这句伟大的论断吧：不管白猫黑猫，能抓到老鼠的就是好猫。是否有异曲同工之妙呢？

这些，毫无疑问都来自中国伟大的传统文化思想。

而中庸也正是非极端、绝对化的中国文化的表现，任正非将其总结成了灰度在企业管理中的思想应用。

对本土企业的启示

虽然任正非可能在最初并不太清楚自己的管理哲学，但是最终来看，企业家可能最先要了解的是自己和自己企业将来的经营管理体系，其实是有原理的，所有的管理思想、原则、政策、方针等都与其相关。

任正非在一次高层会议上提问："我的水平为什么比你们高？"大家回答："不知道。"任正非说："因为我从每一件事情（**成功或失败**）中都能比你们多体悟一点点东西。"他的这种体悟，就是将事情背后的逻辑与自己的思维与决策打通。

所以，他的管理哲学与管理思想能指导整个企业的经营管理策略。

其次，这些管理哲学与管理思想使战略制定与战略规划有了正确的方向。有人评价《华为基本法》基本凝聚了任正非的管理哲学与思想。

《华为基本法》是华为公司进行各项经营管理工作的纲领性文件，是公司制定各项具体管理制度的依据。华为管理制度的实施和变革，基本上都是依据《华为基本法》来进行的，员工的行为方式也受到这一法则的影响，它也为所有的华为人提供了行动上的指引。

其三，管理哲学与管理思想管企业三十年基本都不变。而战略可能只能管企业三五年，甚至更短时间。

任正非说："以前我们就讲过华为公司什么都不会留下，就剩下管理。为什么？所有产品都会过时，被淘汰，管理者也会更新换代，而企业文化和管理体系会代代相传。因此我们要重视企业在这方面的建设，这样我们公司就会在奋斗中越来越强，越来越厉害。"

管理哲学上升到管理实践的必要性

其实，管理哲学是一个企业真正的管理思想、制度、手段的基因，也就是DNA。

首先，一个企业如果没探寻到其真正的管理哲学，那么可能挖不到企业经营管理问题的根源，也就难以找到解决之道。

我们也给企业做战略、人力资源、营销与品牌、组织流程等各方面的服务，依据二十多年的经验发现，这些具体的职能板块如果没有正确的、统一的管理思想指导，那么难以真正发挥有效作用。这就是当时任正非为什么提出要写《华为基本法》。

其次，管理哲学可以带出创始人、企业管理者的管理风格。管理哲学是管理思想的底层，可找到企业重要的管理思想，是企业未来进行规范化科学管理的有效一步，否则上下不搭，价值观、企业未来目标难以贯穿，愿景、使命的实现也可能只是创始人的个人念想。

其三，对竞争对手管理哲学的深层研究有可能找到对手的致命弱点以及竞争应对之道。

我们可以看到，一些曾经优秀的国际巨头企业，或看似有可能基业长青的企业，最后为什么没有坚持住呢？

英国知名大学教授在评价华为及这些公司时说，这些企业最开始都是以客户为中心的，随着企业规模扩大，由于大企业病或管理问题，要么就不提，要么即使提，实际行动上也出现极大偏差。这是企业的管理哲学、思想不再起作用，从而使企业管理的具体内容产生偏移的表现。

对手还在坚持，你却没坚持，自然就败下阵来了。

管理哲学对企业的意义

《华为基本法》使不少研究学者对管理哲学这一概念重视起来。这种深入的研究与发掘对企业是有重要意义的。毕竟，职能式的企业管理改善如果只是文本的提供，没有思想与内在，那么有可能在别的企业是重要的，在你的企业里并不重要，甚至产生误导。

其实，一个企业如果真的能找到经营管理背后的原理，那么在挖掘与梳理过程中就能使管理思想、战略、价值观得到正确、有效与显性的体现，也能在将来的规章制度和职能发展上找到一条最正确的道路。

管理箴言

任正非说：以前我们就讲过华为公司什么都不会留下，就剩下管理。为什么？所有产品都会过时，被淘汰，管理者也会更新换代，而企业文化和管理体系会代代相传。

企业核心权力——思想权与文化权

我们看到，企业家、职业经理人、商业财经作者都在大量引用任正非讲话的内容。虽然没几个人能与任正非谋面、与其共事，但是其思想已经在不断渗透甚至深入到一些企业家的经营管理中。任正非正在通过思想让中国企业走在进步的道路上。

事实上，任正非很早就认识到企业最大的管理权就是思想权和文化权。

任正非在公司内部会议上提到过这样一个有意思的话题：拿破仑并不一定是舞刀弄枪的高手，但他通过思想权和文化权控制了整个军队，指挥千军万马。

管理思想是管理哲学的企业输出

管理思想是关于管理的观点、观念或理论体系，是管理理论和实践的结合在人们头脑中的反映，对管理工作起指导作用。

管理哲学是管理的最高层次，只有掌握正确的哲学思维，才能在纷繁复杂的管理事务中把握根本性的东西。管理思想就是管理哲学在观点、观念、理论体系上的反映。也有人说管理哲学是"道"，管理思想是"术"，大概如此。

任正非说：通过广泛的开放研讨，使这些指导华为成功的管理哲学获得组织内外广泛的理解与共识，深入人心。要通过总结，让未来的接班人学习、理解、传承公司管理思想，以指导和帮助华为继续活下去，实现长治久安。

一个人的思想是很难通过言语传达给别人的。要想表达自己的想法，让华为人有统一的思想价值观，就要让华为人都能够和他有一样的思考历程，所以，《华为基本法》是对任正非管理哲学挖掘之后的管理思想的一站式输出。

后来，任正非及华为的管理哲学通过大量文章、发言、大会、理论体系等逐步实现了华为的管理思想的形成。

任正非与华为的思想解读

任正非从来没有停止过对企业的思考。

他说："我只是不停地思考。我天天思考的都是失败。我们大家要一起来想怎样才能活下去，也许才能存活得久一些。"

他也多次说过关于自己思考方面的理解："我发现我最主要的优势是对逻辑及方向的理解，我确实注重对重要东西的思维，善于将别人的优点、长处吸收进来，转化成自己的思想、逻辑、语言与行为，民主的时候比较多，愿意倾听大家的意见。因为我的性格像海绵一样，善于吸取他人的营养，总结他人的精华，大胆地开放输出。"

从上面可以看出，任正非很清楚做老板一定要把最基本的东西想明白。

有些专家对华为的部分思想进行了整理，概括如下。

- 人才是企业最重要的资源。
- 清晰的方向是从灰色中脱颖而出的。
- 经常想一想该如何活下去。
- 均衡是生产力最有效的形态。
- 静水潜流是发展的最佳模式。
- 发展实体。
- 坚持把一件事做好,就是成功。
- 不做昙花一现的英雄。
- 先进的管理是企业的核心竞争力。
- 企业文化是一种生产力。

如上这些主要的管理思想,贯穿了华为多年的发展。

当然,随着对企业的了解、运营与深入管理,一个企业的管理思想可能会调整、升级。可以说,华为的管理思想,也做了一些如下的改变或者跃迁。

- 如从原来的"狼文化"管理思想到科学管理思想的转变。虽然华为没正式提出过"狼文化",但不少人认为华为的文化表征与狼确实类似。
- 如原来的科层式、矩阵式等组织构建思想到现在的生态平台组织思想。
- 如最近几年确立的"管道战略"思想。
- 如在原来的KPI考核思想基础上开始进行了OKR(目标与关键成果法)考核思想的落地试点。

这些都是重要的管理思想升级改变。

这些管理思想的改变，在以客户为中心、以奋斗者为本的管理哲学底层依旧是一致的。

华为的文化解读

核心价值观是企业的基石，是成功企业的文化基因，这个基因不是在企业的文字里，而是在一代又一代员工的思想深处。

在这方面，已经有大量的专家学者进行了解读与分析。

有一句话可概括任正非对文化权的认识。

任正非说：虽然技术和资金也许可以帮助企业赢得一时的竞争优势，但是唯有企业文化可以确保企业基业长青，而这恰恰是华为一直着力打造企业文化的原因。在任正非的眼里，企业文化可以确保企业长青！

规章制度是思想与文化的产物

任正非说："世界上没有一成不变的真理，任何规律都随时间和空间改变。这次通过大家总结出来的管理思想，再通过你们及更多的干部去传承，以这个思想为基础，再去制定各项制度，确保相对正确的思想稳定落地，我们为什么不能继续成功下去呢？"

华为公司的所有制度、政策都是以文化为指引来确定与修正的。核心价值观对一个企业是非常重要的，因为它的一些基本理念会支撑很多制度，对员工的行为会产生很大的影响。

"以客户为中心"的核心价值观不是一条标语，华为是怎样把这个基本主张贯彻下去的呢？就是通过制度、流程变成每个人自主的行动。

（1）规章制度是思想、文化在职能部门的落地机制，是现实经营管理层面的转化。

（2）有了思想与文化，规章制度的调整、升级、规范、标准才可能精准与有效。

在现实中，我们确实发现不少企业的规章制度其实没有融汇企业的管理思想，不少部门的规章制度甚至直接抄一些公开的网上文件。

虽然 KPI 考核、员工职责描述、员工素质评价等这些都有，但是有些也没必要有，或者根本没什么用，是一堆废纸。

各部门产销协调会、跨部门沟通会议制度等由于没有统一的管理思想、目标引领，也基本是走形式，或者成了互相责难。

所以，像华为一样的 360 度考核制度、基于奋斗者或优异奋斗者的绩效机制也就难以实施起来。

总之，没有统一的管理思想、规章制度、部门职能实施就像走过场，或者根本不能促动企业目标的不断实现。

企业管理者的核心权力——思想权与文化权

任正非说："思想权和文化权是企业最大的管理权，它们的实质是假设权。我们这次讨论修改的华为公司基本法管理大纲就是探索一个科学的假设。"

有鉴于此。

（1）企业管理者要加强学习，提升思想力、文化力。

（2）让整个公司的中高层统一思想、有统一文化意识。

（3）脑指挥手，中间通过规章制度、管理系统等使一线执行匹配企业决策、管理中枢。

用任正非在"蓝血十杰"上的讲话来小结一下：未来华为的产品要占领世界大数据流量的制高点，除了靠创新外，还要靠严格、有效、简单的现代管理体系。只有在此基础上，才能实现大视野、大战略。任正非呼吁华为诞生更多的思想家、战略家，而这些其实就基于思想权、文化权的有力获取。

思想权、文化权的认知误区

不少企业家开会喜欢长篇大论地讲述自己的观点，那么这是不是对思想权的控制呢？

往往不是。为什么？

（1）反复啰唆地讲，在场员工耳朵都起茧了。如果没有匹配的落地措施与方案支持，都将成"耳边风"。

（2）企业家的认知随着时间慢慢积累，有时前后矛盾，立志游移，这不是思想，企业家自己还在学习过程当中呢，当然不能固化成企业有用的管理思想了。

（3）企业家如果一边讲，一边对业绩、经营不满谩骂，那么就更没思想的那种境界了。

所以，一些企业家、管理者希望通过长篇大论的演讲来实现思想权的落地，大多是不现实的。

_ 思想权和文化权与管理目标流程制度手段矛盾吗？

总体上来讲，它是不矛盾的。

有人说，任正非从来只谈及原则以上的东西，制度从来不参与。

也有人说，任正非其实也非常注重细节管理，但为什么制度、流程、手段等，他并不太关注了？

或许，他认为思想、文化能够主导制度、流程、手段的正确制订与实现。二者其实是一脉相承的关系。有了思想权、文化权，具体经营管理权也就控制住了。

企业通过对管理思想的梳理，提炼出企业经营发展最重要、有效、指导性的管理思想，并将规章制度进行顺应性完善，把这些管理思想融入企业规章制度、日常工作行为中，可保持至少五至十年的效用。如有可能，十年修正一次，即可。我们看到《华为基本法》中的一些重要管理思想、原则、方针、政策，到现在二十多年了，有不少还在发挥应有作用，也没过时。

_ 思想权会不会变成控制或更隐蔽的独裁权？

应该说，这极有可能会。

但是，如果思想贯穿在一本企业管理大纲里，创始人、管理层的思想就变成了大家的思想，此其一。

其二，如果在整个企业的管理大纲研讨过程中，员工充分加入，思想极大融汇，这思想权就不是管理层的了，而是大家的。所以，这也是《华为基本法》的重要意义所在。

思想权和文化权成就伟大企业

从现实来看，作为标杆性企业的华为，确实是靠价值观成就了过去，还要不断地靠它去实现未来。

一个企业如果没有其思想，那么更像一桩生意，难以产生伟大的企业。

任正非多次提到，企业最终会形成管理系统，整套系统随着人员更替、产品更替仍能存在，仍能运转，甚至能成就企业六百年。

有中国人民大学的总裁班学员到英国某大学学习，其教授提到华为"以客户为中心"的核心管理思想是其打败对手的原因。一个伟大的企业，其好的管理思想是可传世，是可促进企业生生不息的。

是的，任何一个实体的经营、可持续发展一定会需要思想文化去引领。

管理箴言

任正非说：世界上没有一成不变的真理，任何规律都随时间和空间改变。这次通过大家总结出来的管理思想再通过你们及更多的干部去传承，以这个思想为基础，再去制定各项制度，确保相对正确的思想稳定落地，我们为什么不能继续成功下去呢？

每个企业都要有自己的《华为基本法》

一千个人眼里有一千个哈姆雷特。同样，一千个人读《华为基本法》可能会有一千种理解。

但是，无论谁去精读、细读《华为基本法》，都会有深刻感悟，对自己的企业经营管理有益，为自己企业的未来提供最有价值的思想、理论支持。

《华为基本法》是一本影响深远的企业管理大纲

围绕华为、任正非的各种关注、议论甚至大讨论，二十多年来从未停过。

每本与华为相关的财经类或管理类图书以及每次讨论，都会多次提到《华为基本法》的作用与影响。这基本能说明，要了解华为，离不开《华为基本法》。

提到《华为基本法》一般会有如下两种情况。

一是引用《华为基本法》原文，引用华为的一些具体管理内容，来印证或支持一些企业管理事件、案例，以表明背后有《华为基本法》这一企业根本大纲的内容支持。

二是提到《华为基本法》中的一些思想、逻辑、观点多年来对中国各类不同企业经营发展产生的深远影响。

这两种提及《华为基本法》的方式，从现实中看来，以第二种居多。人们自然或不自然地提到《华为基本法》对企业这些年发展的影响，以及对中国企业管理的借鉴、指导、激发意义。

为什么会有这么多人这么多次去提《华为基本法》？很显然，《华为基本法》的纲领性内容对华为以及中国企业都产生了极大影响。

虽然并不是所有知道《华为基本法》的人，都能清晰地了解《华为基本法》中的具体内容，但是其作为企业的经营管理纲领性文件，对任何企业都有指导性作用。其作为中国第一部企业管理大纲，内容、结构翔实有力，华为又做得如此成功，自然影响深远。

主要作用一：企业要进行管理的系统性思考

作为企业管理从业者，我们都能看到企业有月度经营分析、各个职能部门的专业报告、营销业绩专题分析等。但是，这些报告文本基本是分层、分级、分专业职能的，更针对具体情况具体解决。

而《华为基本法》是公司最高决策者发起的，是其对企业整体思考内容的系统化露出。

任正非在《华为基本法》中提道："公司内部的思想混乱，主义林立，各路'诸侯'都显示出他们的实力，公司往何处去，不得要领。我请中国人民大学的教授们，一起讨论一个'基本法'……几上几下的讨论，不知不觉中'春秋战国'就无声无息了，人大的教授厉害，怎么就统一大家的认识了呢？……如何将我们10年宝贵而痛苦的积累与探索在吸收业界最佳的思想与方法后再提升一步，成为指导我们前进的理论，以避免陷入经验主义，这就是我们制定公司基本法的基本立场。"

这种企业基于现实的体系化自我思考、管理思想建设、管理理念沉淀积累、战略思考不失为中国第一部企业管理大纲。任正非说：制定一个好的规则比不断批评员工的行为更有效，它能让大多数的员工努力地分担你的工作、压力和责任。

为什么《华为基本法》能够延续二十多年还没被各种思想、理念、内容更新所淹没？就是因为华为这个企业系统还没有颠覆性改变，在思想层面、管理层面的内容还是有效的甚至是越久越有效。

主要作用二：直指企业发展目标，在内部形成心理契约

我们常见的目标是企业的业绩目标、财务目标、市场目标等。那些数据能对一年或各个短期阶段进行目标与具体计划的匹配。

而《华为基本法》是对企业未来五到十年的企业发展进行目标明确。

企业有了明确的发展目标，并且各级管理者达成共识，形成心理契约，在未来的工作中就有明确的指引，制定规章制度、具体执行目标以及匹配资源能力就能迈开步子，有的放矢。

《华为基本法》的诞生让华为上下主要在以下几个方面达成了共识。

（1）创建公司共同理念和未来发展思路。任正非提出，《华为基本法》要提出企业经营管理的基本法则，要确立企业明确的共同思维系统即核心价值观，以及指导未来成长发展的基本经营政策与管理规则。

（2）解决企业经营管理的"道"与"术"。通过研究世界著名公司的宗旨和行为准则，并从《孙子兵法》的结构中得到启发：企业管理也有其"道"，即企业的使命与价值观。围绕其"道"，从而才有企业发展的"术"。

（3）明确企业经营发展的精髓。任正非说：不领会基本法的深刻内涵，不会潜移默化地引导自己工作的干部，不允许进入高中层……号召每一个员工带一份《华为基本法》回去度春节，在等待年夜饭的时候，认真读一读，一字一句去理解，半个月的学习，会使您一生受益。

（4）建立全员心理契约。任正非指出，《华为基本法》是华为公司宏观上引导企业中长期发展，建立全员的心理契约。每个员工都要投入《华为基本法》的研讨中来，群策群力，达成共识，为华为的成长做出共同的承诺，以指导未来的行动，使基本法融入每一个华为人的行为与习惯中。

所以，任正非说：《华为基本法》要在动力基础上健全约束机制，否则企业内部会形成布朗运动。大概说的就是要形成心理契约，要向一个方向运动以提供源源不断的力量！

2021年8月，华为公司发布2021年上半年经营业绩，实现销售收入3204亿元人民币，净利润率9.8%。华为轮值董事长徐直军表示，华为公司已经明确了公司未来五年的战略目标，并有信心使运营商业务和企业业务实现稳健增长。从此看来，华为公司的目标一直是非常明确的，在公司总体经营管理思路清晰的前提下，无论外部环境如何恶劣，都能稳健地持续增长。

主要作用三：企业要突出管理重点，取得发展主要路径

虽然《华为基本法》是系统性思考，但是，从总体上来看还是有非常清晰的工作重点。我们能从中看到企业无论当下还是未来的工作重心。

- 始终以客户为中心
- 组织、人力资源、激励等
- 聚焦主航道
- 干部打造，领导力培养
- 技术创新并国际领先
- 奋斗精神
- 科学管理

虽然华为非常重视营销，但是《华为基本法》里提得并不多。虽然国际化也是华为的主要经营内容，但是这里也不多涉及。

从这里也可以看出，任正非对企业未来发展的思考重点或许也多是一些企业未来成功的影响关键要素。

整体来看，任正非认为最大的管理权是思想权、文化权，所以他通过《华为基本法》将一些原则、方针等重点思考、重点列出，为各级管理层制订更精细的经营方案做基础。任正非说："思想权和文化权是企业最大的管理权。我们这次讨论、修改的华为公司基本法管理大纲就是探索一个科学的假设。"

主要作用四：对规章制度与部门职能进行强指引

虽然每个企业都有规章制度，但是我们首先要说，多数企业都有"部门墙"，这导致部门目标与企业目标可能不一致，"屁股决定脑袋"嘛。

另外，规章制度对各个部门职能有强指导作用，有不少企业里的部门并不全是在为企业生存、发展、成长服务，而是封闭自己部门，为自己部门服务。可能我们也听说过一个形容这种现象的俗语：上午给别的部门制造麻烦，下午解决别的部门给自己部门制造的麻烦。其实，有些企业的部门职能就存在这样的可怕现状。

有了《华为基本法》对职能部门的强力指引，以及设定了企业发展目标，才有了华为一致的价值观、企业定位、企业目标、企业宗旨。

只有坚持主航道、以客户为中心、以奋斗者为本、人力资本大于财务资本、力出一孔、让听见炮声的人决策等，才有了制度和职能的保障。任正非说：高、中级干部学不好《华为基本法》，就没有做干部的资格，不会在工作中应用《华为基本法》潜移默化的导向，工作就会偏离目标。说的就是现实中部门职能偏离企业目标的现象。

每个企业都要有自己的《企业基本法》

整个《华为基本法》无处不闪耀着对企业经营管理的深刻理解，以及对企业经营发展在商业文明、企业发展逻辑、管理理念、管理思想上的深度洞察，以及对未来战略、企业文化、人力资源、组织、激励、团队建设、考核、绩效等的前瞻性打造。

这部基本法，从头到尾语句平实，质朴接地气，没有商业模式、转型、升级等高深又流行的词汇。它不是一份高堂之上的漂亮报告，只是企业内部语言风格实实在在的纲领式文章。

从《华为基本法》中还可以看到，如此平实的内容，在文字处理上可长则长，可短则短，说明企业是真正将重点放在"用"上，不少内容明显是后期共同研讨的结晶，以及在相关职能部门按部门特点修正并最终研讨通过的结果。

最后还是用任正非在华为市场庆功及科研成果表彰大会上讲话中的一句话做总结："我们在从企业家管理向职业化管理过渡。我们正在进行《华为基本法》的起草工作，《华为基本法》是华为公司在宏观上引导企业中、长期发展的纲领性文件，是华为公司全体员工的心理契约。"或许对于正在或者准备进行职业化管理过渡的企业，一本《企业基本法》就是真正实践的开端。

管理箴言

任正非说：制定一个好的规则比不断批评员工的行为更有效，它能让大多数的员工努力地分担你的工作、压力和责任。

从"灰度哲学"到无边界管理

1996年，任正非有一次在保加利亚雪山脚下散步，忽然问刚回到华为不久的时任华为国际营销系统创始人之一的梁国世："你知道华为公司为什么能成功吗？"梁国世心中一喜，赶紧回应："我刚来华为，怎能悟出这般深奥的道理。您说，为什么呢？"

任正非答道："中庸之道。"

或许，从这时开始，任正非就已经建立起了他的重要管理理念：灰度哲学。

任正非所讲的灰度确实包含了非常深厚的哲学思想：如果单纯用"对"和"错"去判断事情，那么总是会有失偏颇。

2021年，任正非在《与2020年金牌员工代表座谈会上的讲话》中又提道："在探索人类历史的过程中，我们会发现每个人都会犯错误，没有错误、完全纯洁的人其实就是'瓷器'，一砸就碎。"

溯源灰度哲学

《庄子·应帝王》说了一个有关混沌的故事。

南海之帝为倏，北海之帝为忽，中央之帝为混沌。南海北海之帝，代表了人世间的人们，整天忙碌。

混沌大帝无眼、无耳、无鼻、无嘴,对谁都有无尽的爱,对谁都包容。

南北两帝,深受其恩惠,就聚在一起商量怎么报答混沌大帝。人人都长了七窍:双眼、双耳、鼻子、嘴巴,可是混沌大帝一样都没有。

南北两帝为了让混沌大帝可以像他们一样,能够体验到有双眼、双耳、双鼻孔、一张嘴的乐趣,排除万难,开始给混沌大帝每天凿一窍,结果第七天,混沌大帝死了。

谁害死了混沌大帝?是"倏忽"二帝很强预设的心。按照他们的预设,混沌大帝黑白不分,善恶不明。他们想让混沌大帝同他们一样,却杀死了混沌大帝。

顺其自然,这就是庄子说的天下大道。

灰度哲学哲理分析

现实中的事物往往不是非黑即白、非对即错,现实中的人也并不是非善即恶、非敌即友,因为这些都可以随时转化。

很多人之所以能成功,并不是在于他们多么聪明、勤奋,而是在于他们懂得什么叫恰如其分、不偏不倚,时刻都能找到那个平衡点。作为领导人,要深深敬畏人的这种可能性空间。

灰度思维,才是最接近世界真相的思维模式。

真实的世界不是棱角分明的,不是非黑即白的,而是圆润的、混沌的、无常的,它黑中有白,白中有黑,黑随时可以变成白,白随时可以变成黑,这就是灰度。

任正非:灰度决定领导水平

任正非说:领导人重要的素质是方向、节奏。坚定不移的正确方向来自灰度、妥协与宽容。清晰的方向是在混沌中产生的,从灰色中脱颖而出，方向随时间与空间而变，它常常会变得不清晰，并不是非白即黑、非此即彼。

任正非推崇灰度哲学，他信奉"合二为一"，而不是黑白不两立的"一分为二"；正是在灰度理论的支配下，任正非强调开放与妥协，崇尚合作精神与建设性。

在这方面，任正非进行了深入思考，可能没有与西方进行管理哲学对比，但确实与西方有明显的不同。

西方社会是二元社会，很多事情都是对立的：要么是对，要么是错。而中国是一生二、二生三、三生万物。所以很多事物不是对立的，而是并存的。

因此，西方人做事喜欢求个对错，而中国人做事总是在把握分寸，为人处世的精髓在于对尺度的把握。善于把握分寸，才是人生最重要的艺术。

善于进行灰度领导与灰度管理，才是东方商业文明与企业管理最重要的艺术。

《华为基本法》与灰度哲学

我们来简单总结一下任正非在《华为基本法》中的部分灰度哲学要点。

（1）均衡发展，就是抓短的那块板。
（2）对事负责与对人负责是有区别的，一是扩张系统，一是收敛系统。
（3）要创新，不盲目创新。
（4）面对变革要有平常心。
（5）尊重知识，尊重个性，集体奋斗，不迁就有功的员工。
（6）虚心向国内外优秀企业学习，在独立自主的基础上，开放合作地发展领先的核心技术体系。

（7）努力探索按生产要素分配的内部动力机制，决不让"雷锋"吃亏。

（8）这里的文化，不仅仅包含知识、技术、管理、情操……还包含了一切促进生产力发展的无形因素……

《华为基本法》充满了这样的段式："我们既要如何，又要如何……"处处可见悖论，却也好像处处可见闭环。这可能就是任正非灰度哲学的最初显现。

企业治理与灰度哲学

任正非说："灰度是常态，黑与白是哲学上的假设，所以我们反对在公司管理上走极端，提倡系统性思维。华为既反对经验主义，又反对教条主义。"这些观点无疑是正确的，但"经验"只要不僵化成"经验主义"，"教条"只要不推进成"教条主义"，还是不能一概否定的。

以下这些就是企业治理在灰度哲学上的体现。

（1）华为推行员工持股，却不能流通。如辞职等一些条件限制，甚至还得退回。

（2）任正非崇尚科学管理，但在科学管理之前自始至终推行思想权、文化权的管理。

（3）华为崇尚均衡是生产力最有效的形态，《华为基本法》的核心思想却是"力出一孔，利出一孔"，聚焦主航道。

（4）推崇英雄，却极力反对个人英雄，主张集体英雄主义。

（5）人力资源的考核激励既实施KPI，在OKR被专家推出与业界认同之际，又积极进行 OKR 试点实施。

从灰度哲学到无边界管理

任正非说：坚定不移的正确方向来自灰度、妥协与宽容。一个清晰的方向是在混沌中产生的，从灰色中脱颖而出，并不是非白即黑、非此即彼。合理地掌握合适的灰度，使各种影响发展的要素在一段时间和谐，这种和谐的过程叫妥协，这种和谐的结果叫灰度。

他还说：不要疾恶如仇，黑白分明……干部有些想法存在问题很正常。

人生的本质是要在灰度中寻找光明。灰度的本质就是时刻怀着开放的心态动态地去认知事物，永远做好接纳各种不确定因素的准备，勇于面对不确定因素，均衡、失衡、再均衡，不断地重复这个过程，善于平衡局面是最高境界的管理艺术。

无穷的灰度给华为文化植入了一种开放、妥协和包容的灵魂。放下自己，抱素守朴，以无形驭有形，无为而无不为。

"以客户为中心，以奋斗者为本，长期艰苦奋斗"，华为的文化核心很简单，就是这三句话。

华为文化不是具体的东西，不是数学公式，也不是方程式，它没有边界。也不能说华为文化的定义是什么，它是模糊的。

不懂"灰度"，学不来华为

常人只看到任正非火爆的性格与刻骨铭心的超越，却不知道偏离只是表象。真正活在他内心的是一刻接一刻的回归，一刻接一刻的平衡。

不清晰、成长性、可能性或无常，可以随着时间和空间的变化而变化……是我们理解灰度的重要维度。

比如华为的市场和销售能力可谓强大无比，华为的狼性文化也是深入人心，但华为也并不是总在进攻，欲致竞争对手于死地。

实际上，华为提倡的是生态的共赢，他们把同行对手称作"友商"。

在欧洲，在美洲，在非洲，在亚洲，华为和同行之间有竞争也有合作，而要实现这种共赢的状态，妥协、宽容与开放的灰度哲学起到了关键作用。

有一次任正非在办公室被问："任总，未来对华为最大的冲击是什么？"

任正非拍着胸脯说："是我，是我们的成功，是我们的自以为是，我们自豪，我们自傲，我们自闭！"

这，就是灰度。

管理箴言

任正非说：领导人重要的素质是方向、节奏。坚定不移的正确方向来自灰度、妥协与宽容。

任正非对经营管理思想的开创与创新

华为理念创新的"核心价值观"——以客户为中心，以奋斗者为本，长期坚持艰苦奋斗，坚持自我批判。

任正非把西方管理学、东方文化哲学、军队管理理念融入华为的企业管理中，成就了华为独特的思想文化、价值观和发展战略。华为能实现当下的业绩与影响力不是偶然的，任正非开创性的经营管理思想起着主导作用。

华为之"熵"

熵是什么？

熵是物理学概念。热力学第二定律告诉我们，一个孤立系统的熵会随时间增长而逐步达到极大值，系统会达到一种无序的平衡态。因此，热力学第二定律也被称为熵增定律。

著名物理学家、量子力学奠基人之一埃尔温·薛定谔解释：一个非活的系统被独立出来，或是把它置于一个均匀的环境里，所有的运动由于周围各种摩擦力的作用都将很快地停顿下来……整个系统最终慢慢地退化成毫无生气的、死气沉沉的一团物质。

那么，物理学上的熵增定律为什么可以应用到企业管理上来？因为熵从上面看来，其实就代表着无序的混乱程度，熵增就是指一切事物发展的自然规律都是从井然有序走向混乱无序。

任正非在一次与《华为基本法》撰写者之一、中国人民大学黄卫伟教授交流管理话题时，黄卫伟教授把热力学第二定律发给了他。任正非发现，规律有贯通，现实中可融会。任正非从此在考虑企业管理时，把熵增作为一个重要视角。

灰度管理

清晰的方向是从灰度中脱颖而出的。

《华为基本法》撰写组组长、华夏基石管理咨询集团董事长彭剑锋说："任正非最鲜明的管理思想是灰度管理。当时与《华为基本法》同时出版的书就叫《走出混沌》。"

任正非对自己的灰度管理也曾这样表达："管理的灰色，是我们的生命之树。"

其实，灰度才是华为全部管理哲学的核心基点。

华为的文化精髓是：开放、妥协、灰度。

为什么华为会有灰度管理？任正非会有灰度哲学？看看《华为基本法》撰写者之一、中国人民大学教授吴春波几十年对任正非的认知，或许就可追溯到一些理由了。

吴春波说："很难概括任总是一个什么样的人，我眼中的任正非是游走在黑与白之间一个灰度的人：既脾气暴躁，又能静水潜流；既铁骨铮铮，又柔情似水；既疾恶如仇，又宽容妥协；既用兵狠，又爱兵切；既霹雳手段，又菩萨心肠；既悲天悯人，又收放自如；既恪守中庸之道，又明辨是非善恶；既霸气霸道，又谦卑谦虚；既爱财如命，又挥金如土；既内向羞怯，又外向张扬；既冲动，又自律；既成熟老练，又稚气顽劣；既低调内敛，又高调霸气；既简朴，又奢华；既不修边幅，又注意仪态仪容；既保守守旧，又紧随潮流；既胆识过人，又心存敬畏；既固守原则，又豁达变通；既实用主义，又理想主义。"

_ 任正非创建华为初衷——活下去

任正非坦言：创建华为的初衷就是"活下去"。或许，这是华为最终喊出"活下去是最高也是最低战略"的原因。

我们给不少企业做管理咨询服务，在听取内部意见时，多是战略要如何宏伟庞大，如千亿、全球、国际化、万店、集团化等。而真正能够清晰、冷静地思考自己的战略，并且能想到战略发展的基点在哪里或是什么的企业并不多。

其实，活下去，没有成功只有成长，多好。

_ 静水潜流是最好的发展模式

在华为公司，表面看似很平静，静水潜流，内在其实激情滚滚。

水，好像是世界上最柔弱的东西，但又是冲破阻碍与困境的最强大力量。

《道德经》中提道："天下莫柔弱于水，而攻坚强者莫之能胜，以其无以易之；上善若水，水善利万物而不争，处众人之所恶，故几于道。"水，以柔克刚，天下莫能与之争。

华为不只在发展模式上遵循静水潜流，在改革上也如是。任正非曾签发华为 HR 胡玲发帖："我们的干部、HR 也要虚怀若谷，闻过则喜，注意方法，不宜大风大浪、大起大落、波涛滚滚，改革要静水潜流。"

华为管理理念精华

华为通过学习西方现代企业管理理念、东方传统哲学文明、军队优秀管理思想，结合自身特点，独创了很适合发展与成长的管理理念，如下做些列举。

1. 企业最大的管理权是思想权、文化权。

很多企业管理者主要精力是管事，部分精力管人，很少精力管思想。从某种意义上讲，管人比管事更重要，管思想的实质就是强化企业文化建设。

2. 以奋斗者为本，时刻不忘艰苦奋斗。

以人为本，但这"人"也可能包括懒人、怂人甚至坏人，以他们为本，必将挫伤奋斗者、能人、好人等的积极性。只有以奋斗者为本，才可以激发正能量，抑制负能量，促进企业正向、健康、有序发展。

3. 让能听见炮声的人来呼唤炮火。

强调市场第一线的重要地位，切中"以客户为中心"的市场法则。企业领导必须深入市场一线，多听取一线人员的声音，并在机制上支持一线"班长的战争"。

4. 让"雷锋"过上好日子，不让"焦裕禄"吃亏。

不让老实人吃亏是企业用人的一个重要导向。企业要让认真埋头干活的人得到实惠，要让算计太多的人失算，要让一点亏都不想吃的人吃亏，要让损害公司和员工利益的人付出惨重代价。

5．高层使命感，中层危机感，基层饥饿感。

高层使命感体现在事业心上，是领导践行出来的；中层危机感体现在进取心上，是竞争和激励出来的；基层饥饿感建立在责任心上，是检查和淘汰出来的。

值得深究琢磨的华为方法论

1．拒绝短视，摒弃机会主义。

"华为随便抓一个机会就可以挣几百亿，但如果我们为短期利益所困，就会在非战略机会上耽误时间而丧失战略机遇。"2015年底，任正非曾在与中国人民大学教授、《华为基本法》起草小组组长彭剑锋的访谈中这样说，华为多年来只做了一件事，就是坚持"管道战略"。

华为2015年年度报告中写道："不在非战略机会点上消耗战略竞争力量。"其绝对不去追风口、做好自己、集中力量攻破"城墙口"的决心让人印象深刻。

2．始终与用户在一起。

任正非在一次讲话里提到"春江水暖鸭先知"，厚厚实实地概括了华为一以贯之的核心原则——始终与用户在一起。

与用户在一起，关键挑战不在创业阶段，而在企业进入规模阶段之后如何建立制度、流程继续保障整个系统"与用户在一起"，并最终培养起用户导向的文化。

1997年圣诞节，任正非走访了美国IBM等一批著名高科技公司，随后决定聘请IBM为华为梳理流程和建立系统，整个项目历时5年，投入超过20亿元，直到2008年才基本结束，最终构建起了一整套"支撑大象跳出华尔兹"的科学管理体系。期间，华为做的所有事情都可以用时任 IBM 的 CEO 郭士纳的一句话来概括："必须把市场（**客户**）确定为所有行动和行为的动机。"

3．糨糊理论。

没有高超的领导与行之有效的管理，技术再好、投资再多也难以达成结果。

任正非说："我什么都不懂，我就懂一桶糨糊，将这桶糨糊倒在华为人身上，将 15 万人粘在一起，朝着一个大的方向拼死命地努力。"

徐直军表示，在科学管理方面，华为唯有人力资源的核心理念和思想不是靠引进，而是基于任总的思想和大家的集体智慧，在这些年的发展过程中慢慢形成的。华为公司成功的最核心要素是从一开始就建立起来的利益分享制。因为这个机制把华为公司员工和企业的利益紧密地结合在一起，也正是因为这个机制，使得华为能做到很多其他企业难以做到的事情，比如干部能上能下。

4．比别人更多一点奋斗。

"我们没有国际大公司积累的几十年的市场地位、人脉和品牌，没有什么可以依赖，只有比别人更多一点奋斗，只有在别人喝咖啡和休闲的时间努力工作，只有更虔诚地对待客户，否则我们怎么能拿到订单？"任正非说。

同年，一位英国记者采访任正非，问及华为超越爱立信成为全球行业老大这件全球瞩目的商业事件："华为到底凭什么超越对手？"面对同样的问题，任正非这次的回答更简单，只有一个字——"傻"。

任正非曾经多次表示过，华为就是阿甘，认准方向，朝着目标，傻干、傻付出、傻投入。

5．危机感。

任正非对下属们说："华为公司不能像部分西方公司一样，在温柔乡中葬送了我们多年的奋斗。我们要看到这个世界的复杂性，要看到我们未来的艰难性，从这个出发我们要构建未来胜利的基础。"

传播最为广泛的，是任正非在 2016 年 10 月 26 日的那一次内部讲话。他说："金融危机可能即将到来。一定要降低超长期库存和超长期欠款。以前我们的货款记录不清晰，客户来还欠款时，我们还莫名其妙，连合同和欠条都找不到了，如果客户不还钱，多少预备金都付诸东流。"

这种预警意识在徐直军的新年献词中也有直接体现："面对错综复杂的商业环境，我们要用法律遵从的确定性来应对国际政治的不确定性，以跨越宏观环境的不连续性风险；要有应对金融危机的预案，从组织建设和干部配备上提升对风险内控、合规运营的监管能力。"

6．让英雄成长、晋升，得到提拔。

2016 年，为了配合华为"以项目为中心"的战略转型，任正非建立了战略预备队。"我们正在进行一场比较大的组织结构改革，我们也需要两万'营团干部'啊，当然希望一万是'将军'。"他说。

华为战略预备队的主要目标是激活整个公司的组织结构与干部、专家，通过训战管理，提高"作战"能力；战略预备队是个能力中心，"作战"的指挥决策权还是在一线；队员的任职资格管理仍然是由 HR 及其授权机构管辖，这样预备队就能有序地配合，不冲突、不撕裂。而训战目的是提高"作战"队伍的意志和能力，改善机关服务支持的水平，提升争夺大市场机会的能力。具体来说就是交付人，推动面向客户的解决方案的形成。

2016 年 11 月 30 日，任正非听取了战略预备队汇报，并提出华为一定要培养优秀"将领",要排除一切障碍,就是让"英雄儿女"成长。"台风形成的时候就是一个小漩涡,战略预备队就是这个'小漩涡','漩涡'越变越大,就把整个公司盘活了。这个'大漩涡'旋转的时候,一定要让新血液快点进来,快点晋升,要大胆选拔年轻'将领'。"

管理箴言

任正非说:我什么都不懂,我就懂一桶糨糊,将这桶糨糊倒在华为人身上,将15万人粘在一起,朝着一个大的方向拼死命地努力。

华为用人哲学：人才资源优先

华为一贯的人才战略是对人才的重视，二十多年前历经三年撰写讨论并发布的《华为基本法》中的"人力资本的增值要大于财务资本的增值"条文，已经成为华为人力资源管理与招聘的重要指导思想。

而"以奋斗者为本"也已然是华为公司最核心、最重要的价值观。

人，就是华为的管理哲学。

2020年10月31日下午，华为心声社区发表华为创始人兼CEO任正非10月27日在研发应届生招聘座谈会上的讲话内容。在讲话中，任正非表示："我们有足够多的钱、足够大的空间容纳天下英才，发挥他们的创造才华。"

华为的高薪人力资源机制现状

毫无疑问，2019年华为最大的人力资源管理方面的新闻就是任正非在6月份公司EMT《20分钟》的讲话。任正非说："2019年我们将从全世界招进20~30名天才少年，明年我们还想从世界范围内招进200~300名。这些天才少年就像'泥鳅'一样，钻活我们的组织，激活我们的队伍。"

2021年1月22日，华为公司在心声社区发布了一篇任正非的内部电邮讲话《星光不问赶路人》，其中又提到了引进发挥更多作用的人才：任正非认为华为有信心、也有决心活下来，不会放弃全球化战略。身处困境，任正非提出了很多值得参考的企业管理智慧，他表示华为应当引进更多优秀人才，聚焦研发力量，推进结构性的管理改革，将中央集权制改为一线授权，实现没有中央总部也能灵活"作战"。

目前，华为员工持股基本情况是四成的员工有比例地持股，三成的优秀员工集体控股，一成至两成的新员工和其他员工适当参股。最重要的是，员工入职三年后，基本就有持股的资格。

所以，从每年华为在工资上的总体投入来看，这并不奇怪。

华为机制的认同、保障、激励，是非常完备且令人羡慕的！

当然，华为人这支庞大的队伍才是真正推动华为不断向前的主要动力。

任正非说：创新与领先必须依靠科学家

任正非是极度重视科学家的，这有多处表现。

基于深厚理解，华为对基础研究有着自己的理解，其中核心观点是：长期重视与坚持基础研究！

在企业内部，任正非用接待国家领导的规格致敬科学家！

如任正非所说："华为有在编 15000 多名基础研究的科学家和专家，至少有 700 名数学家，800 多名物理学家，120 多名化学家，6000~7000 名基础研究的专家，60000 多名各种高级工程师、工程师，形成这种组合在前进。我们自己在编的 15000 多名基础研究的科学家和专家是把金钱变成知识，我们还有 60000 多名应用型人才是开发产品，把知识变成金钱。我们一直支持企业外的科学家进行科研探索。"

任正非也最新指出:"未来三十年,在赢者通吃越来越成为行业规律的趋势下,我们必须要抓住科学技术和商业变化的风云潮头,成为头部领导型企业才能有机会去分享技术进步和创新的红利。要创新与领先,我们就必须依靠科学家……我希望你们中更多的人成为科学家,面向未来,有时候你们不一定要研究理论,也可以研究概念和方向,以及实现形式……我们也要加强基础研究的投资,每年用于基础研究的费用有150亿~200亿美金。"

华为研发战略与产品战略的核心——科学家

我们看看华为研发战略的集结。

(1)聚焦主航道。任正非将其比作磨豆腐:"中国有十四亿人,我们这几个企业将豆腐磨好,磨成好豆腐,你们那几个企业好好去发豆芽,把豆芽做好,我们十四亿人每个人做好一件事,拼起来就是伟大的祖国。"

(2)10%的销售业绩(不是毛利、利润!)来研发。2019年华为的研发费用就已经达到了1317亿!

(3)研发人员数。2019年年报显示,2019年底华为拥有员工19.4万人,其中研发人员比例达到49%!

(4)华为产品研发既要面向客户,又要面向未来。

(5)华为研发从模仿到颠覆式创新。

(6)小改进大奖励,大建议只鼓励。

(7)崇拜技术,但反对盲目创新。

(8)强攻5G,一流的企业做标准。

(9)鲜花插在牛粪上。

我们再看看华为的产品战略解读。

（1）全球领先的产品战略。学习对手，超越对手，并全球领先。
（2）潜心、提前多年底层开发，如新的手机鸿蒙操作系统。
（3）产品使用需要营销部门提供意见，这样进行融合，从而能够满足市场。
（4）不再支持非常复杂的产品功能，将市场需要的功能开发到极致。

有了如上的研发战略以及产品战略，在任正非的眼里，就有了对科学家的明确定位。

那就是：全面超越的专家队伍！

所以，任正非提道：华为必须要靠自己的整体优势取胜……华为要加大战略性投入，要容得下世界级人才，建立起全面超越的专家队伍；把握先机，在理论构建能力、科学家数量、产品质量等方面超过业界同行。在这里，任正非甚至专门提到了不搞"田忌赛马"的人才战略，这样才能取得整体优势，而不是取巧般地培养较优人才去跟对手的中等人才竞争，仅取得局部或一两次成功，而是要取得全面胜利。

很显然，2021年7月，201万年薪招聘8位优秀毕业生，即未来的华为科学家，就是大胆地在数量上、质量上进行华为科学人才队伍搭建！

华为科研支撑未来发展

我们专门来看看截至2018年华为的这近八万研发人员的科研成果。

首先是专利数：**华为现有近八万项专利获得授权，许多还是基本**

专利、核心专利。

而最可喜的可能是下面的数据与趋势。

谁是全球最创新的公司？最让国人可喜的是，在美国专利排名前20的企业中，华为位列第19位，专利数量为1680项。在企业专利整体数量下滑的情况下，华为专利数较上一年明显提升12.4%！

华为专利数量的迅速上升受益于5G技术的发展。中国已经成为5G标准必要专利最多的国家，占全球三成多。而在全球5G标准技术贡献最大企业排行中，华为以1975项专利位列第一，占比超过15%，超过爱立信、三星、诺基亚和高通。

华为的科研一是走对了赛道；二是筹备了人员；三是建立了如此吸引人的人才机制；四是形成了系统，近八万人的体系化、全覆盖式研发，不怕没有准备；五是不少专利是基本专利、核心专利，这使任正非说到可能面临的全球压制时，并不是那么惧怕与紧张：任何事物阻挠不了华为前进的步伐！

2021年3月31日发布的华为2020年报指出：华为公司截至2020年底，全球共持有有效授权专利4万余族，超过10万件。

人力资本增值大于财务资本增值

《华为基本法》第九条早就明确了：华为强调人力资本不断增值的目标优先于财务资本增值的目标。

这种对知识、知识型人才、知识资本的认识，在中国开辟了认知，在移动时代、数字时代、智能时代，会越来越重要。华为远走在时代的前面。

我们已经看到，现在的创业基本是"知本家"（利用一身拥有的高新知识创造财富的成功人士）的创业更显成功。

近期的创业板上市企业，企业家基本有很深厚的知识能力背景。

回到《华为基本法》的陈述：一切工业产品都是人类智慧创造的。华为没有可以依存的自然资源，唯有在人的头脑中挖掘出"大油田""大森林""大煤矿"……精神是可以转化成物质的，物质文明有利于巩固精神文明。华为坚持以精神文明促进物质文明的方针。

我们应该相信，越来越多的企业是这种类型的。所以，科学家的重要性会越来越突出。华为为中国未来的企业人力资源、薪酬、激励等制度提供了样本。

学华为，真的很难吗？

学华为，就要学华为以客户为中心，从而开发出最好的产品和提供最好的服务。

开发最好的产品，即要去招募最好的人才。提供最好的服务，即打造良好的营销、销售、服务系统。

我们在企业咨询服务过程中，见到不少崇拜任正非并要努力学习华为的企业家。可是，学习华为非常难。

这主要源于华为的几个核心的因素：价值观，以客户为中心，研发、技术、产品的认知，格局与胸怀，科学管理与人文管理的结合等。这些都需要深入去研究分析，并融合自己的特点，从而找到最合适自己的经营管理之路。

华为已经不只是在靠高薪资吸引、留住人才了。他们甚至每年都必须有5%的淘汰率。如何像华为一样实现真正的人才机制是企业家在人才与技术研发方面最值得真正去想、去重视、花时间精力去打造、铸就的。

管理箴言

《华为基本法》的陈述：一切工业产品都是人类智慧创造的。华为没有可以依存的自然资源，唯有在人的头脑中挖掘出"大油田""大森林""大煤矿"……精神是可以转化成物质的，物质文明有利于巩固精神文明。华为坚持以精神文明促进物质文明的方针。

从华为的战略制定中能学到什么

华为的战略，现在好像一直都很公开；从《华为基本法》开始，普通大众就能基本了解到华为的战略。

在 2011 年，徐直军又公开了华为的最新战略——管道战略。

当然，也有不少人了解了华为的 BLM 战略模型。

总之，华为的战略看上去谁都知道，华为的战略制定好像也不是那么高深，那么难。

那么，我们究竟能从华为的战略以及战略制定中学到什么呢？

战略规划表达其实并不难

查阅一些公共资料，可得到战略的释义：战略，是一种从全局考虑谋划实现目标的规划，战术只是实现战略的手段之一。实现战略胜利，往往要牺牲部分利益。战略是一种长远的规划，是远大的目标，规划战略、制定战略和用于实现战略目标的时间往往是比较长的。

战略的结构是：战略目的、战略方针、战略力量、战略措施。

战略最终要说清楚的三个核心问题：第一，作为一家企业，你处在什么行业；第二，你提供什么样的产品和服务；第三，你为哪些类型的目标客户创造怎样的价值。

从这来看，战略表达其实并不难，甚至可用一张图概括。

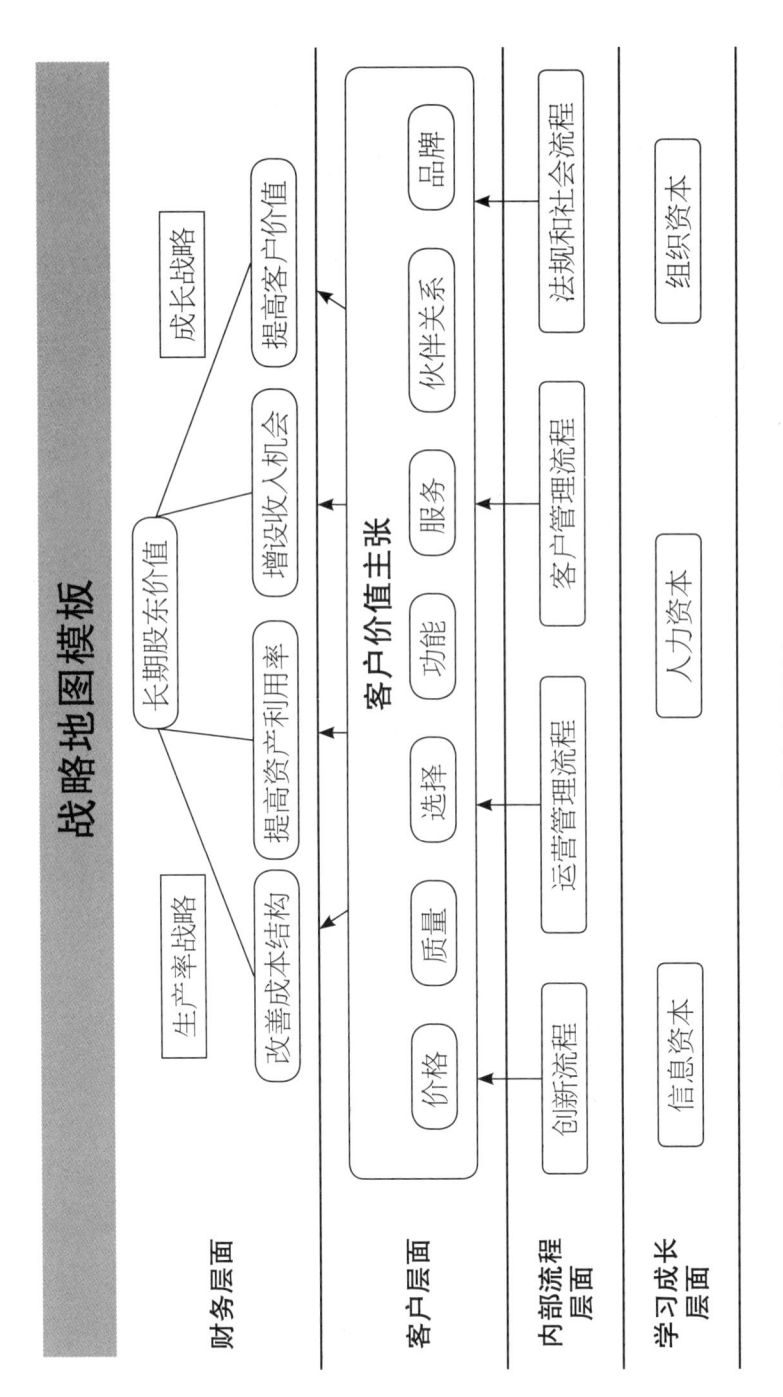

战略地图模板

财务层面

- 生产率战略
  - 改善成本结构
  - 提高资产利用率
- 成长战略
  - 增设收入机会
  - 提高客户价值

长期股东价值

客户层面

客户价值主张：价格、质量、选择、功能、服务、伙伴关系、品牌

内部流程层面

- 创新流程
- 运营管理流程
- 客户管理流程
- 法规和社会流程

学习成长层面

- 信息资本
- 人力资本
- 组织资本

战略地图模板

不少企业经营管理者觉得，战略一是没什么内容，二是比较虚，跟企业具体经营管理有距离，三是认为企业发展过程中，有太多的细节、流程、计划、协调、控制、能力培养等，战略基本不太能指导实际工作……所以，战略规划在中国并不太受人待见。

还有一种现象就是，好像话题中一讲到战略，人的素质水平就提高了一个等级。

战略是一种选择

当下，中国企业的选择确实太多，随时都有可能产生一定的机会。中国有句俗语：蚂蚁都是肉，迫于业绩、竞争、发展的压力，最后中国企业的战略布局往往都是"一个都不能少，各种战略机会都要选择"。

所以，在中国，多元化、集团化是最常见的企业组织形式。

而追风口、抓机会，也是不少企业管理者所热衷的。

其实，战略就是：不做什么。

华为现在的战略是徐直军于2011年提到的，华为选择和聚焦的是管道，促进全社会实现连接的无限可能，极大地丰富人们的沟通与生活，提升工作效率。华为所有的业务都将沿着管道进行整合与发展。华为战略中的管道是面向技术视角、产业视角的用来承载信息的数字管道体系。

可以说，华为的战略选择是"管道"。

基于此，华为的战略中还有重点内容，就是"上不做内容，下不做数据"。

华为战略的出台，接纳了一些重要的华为战略思想。

- 聚焦主航道
- 不在非战略重点工作上耗费资源
- 努力将一件事做好
- 力出一孔
- 始终以客户为中心
- 为客户创造最大价值

这些战略思想又以《华为基本法》中的第一条提到的价值观为基础：华为的追求是在电子信息领域实现顾客的梦想。

战略并不需要大量的论证

不少企业的战略以 PEST（**分析模型**）、SWOT（**企业战略分析方法**）、三四法则、波士顿矩阵模型、波特五力、麦肯锡 7S 等工具来做规划，结果一是被工具绑架，为分析而分析，二是企业什么都舍不得放弃，一大堆的论证之外，目标是什么却完全不清晰，最终战略还是老板一个人说了算，或者说是非常复杂的推理论证，仍忘了本。

我们在给企业做战略时，他们会要求大量的论证，基于一些可能不当的假设，如历史遗留、人际关系、对对手的错误理解、对未来的主观性判断、对自身能力的自负、对市场的路径依赖式误判、对消费者缺乏了解后的主观意见强加等，这些都是制订战略规划时的一些误区。

其实，我个人还是认为战略的制定过程一定要将中、高层管理人员发动起来，了解他们的思想以及企业历史沿袭和企业管理者的管理哲学、管理思想，从而进行论证。

举例说明，一些人喜欢用 SWOT 分析，但是我可以说绝大部分的 SWOT 分析推断不出战略，为什么呢？因为每个因素对战略制定的影响程度都不同，最终费尽力气推断出来的战略方向可能被一个被忽略的、权数还非常高的因素否定。

所以，真的是要深入了解企业、行业，而不是闭门造车，或者会用工具就行。话又说回来，战略确定需要大量的调研与研讨。一是对战略决策进行充分的信息支持，二是经过大量研讨，不但能够开拓思路，突破瓶颈，而且能让更多的员工知道战略有利于执行。

2021 年 1 月 22 日公开的任正非在 2020 年 6 月 19 日所做的一篇讲话稿《星光不问赶路人》中甚至提道：时代证实了我们过去的战略是偏斜的，是不完全正确的，我们的能力很不符合现实生存与发展的需求。但是，我们有信心、有决心"活下来"。

战略？打胜仗就是了！

战略以价值观做底

华为的战略在价值观制定时就有了十年不变的企业目标，这个目标其实就是战略制定的基础。

现实当中，战略制定如果没有价值观做底，为依托，那么很多战略制定的结果就很大、很虚，甚至会去做自己不该做的事情，会去做自己资源、能力达不到或实现不了最优匹配的行业或产品服务，会在过程中遇到困难，从而发生又调整战略的情况。

现实情况确实在变化，但我们发现，华为在基于"以客户为中心"，满足客户需要的情况下，这么多年战略并未发生偏移。

有人总结了华为的"以客户为中心"。

· 作为国内最伟大的公司之一，华为一直遵循着"以客户为中心"

的原则。
- 公司从售前到售后，从战略到执行，处处表现出"以客户为中心"。
- 设备采购前期，华为的销售和售前就会根据客户的需求制订方案并不断交流修订。
- 设备使用后，涉及维护保养的问题，华为的原则都是优先解决问题满足客户要求。
- 甚至涉及华为设备以外的相关问题，他们也会协调公司内部资源协助客户。

华为的数字化转型战略中，也强调了"以客户为中心"的重要性，积极推动相关优化。他们认识到了未来企业的竞争就是客户服务能力和内部运行效率的竞争。

任正非说过：华为只要稍微偏离，进入别的行业，有可能就有几百亿的收入甚至是几百亿的利润，但是华为为什么不去做？除了"傻"式的坚持外，就是价值观的明确，这就是一个企业未来的努力方向。

战略就是明确不做什么

任正非是通信业的门外汉，进到这个行业以后只做一件事：所有服务聚焦主航道。

其实，每个企业做好一件事就好了，战略就是明确不做什么。

做减法，甚至是只做第一或唯一的产品或服务。

如果没有，那就找出最优势的，或者打造最优势的。

可口可乐公司是战略制定明确不做什么的坚定履行者：只做饮料，不做其他，坚持了一百多年。这种坚持成就与保持了可口可乐公司持续未变的全球第一品牌，这个品牌价值高到即使全球所有可口可乐工厂一晚被烧光，第二天便可重建全球市场而不受大影响。可口可乐公司只做非酒精饮料，绝不做含酒精饮料，坚持了一百多年，同样实现了可口可乐公司履行社会责任的可贵企业标杆，助添了品牌的好感与美誉度，提升了品牌价值。

这其实也算是"战略是一种选择"的补充，但是在现实中会有一些特别大的诱惑影响战略的方向与目标。所以，明确不做什么是对战略的正确制定的一种有效坚持。

我们确实见到不少企业原来什么都做，但在市场压力、资金压力、人员能力、竞争等逼迫下，不得不大肆出售资产，导致元气大伤。

IBM 的 BLM 模型

最终，我们回到华为的 BLM 战略制定模型，这个模型一看就明白，一操作就会。

即使能够看明白，还能自己去操作，好像也不能制定好自己的战略以及最终的企业系统，最优地为战略服务。

为什么？

战略不是靠一套工具就能解决的东西。战略是一个企业对未来的最合适的方向、目标与重要步骤。

这些，都在如何实现"以客户为中心"的一系列系统性思考与具体运营里。

业务领导模型分为三部分：最上面是领导力，公司的转型和发展归根结底在内部由企业的领导力来驱动。最下面是价值观，战略一定是以价值观做底层，保持战略的不偏倚。中间的两部分被称为战略和执行，一个好的战略自然要有好的战略设计，同时要有非常强的执行，没有好的执行，再好的战略也会落空，但执行不是空谈，是需要具体内容来进行支撑的。

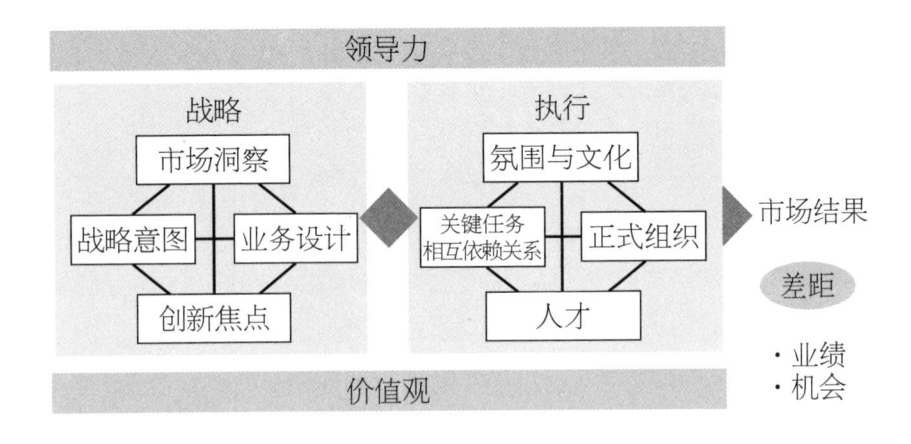

IBM 业务领先模型

这个工具系统考虑战略制定后要通过组织、人才、氛围来支撑战略的成功。

总之，战略看起来简单，做起来却非常不容易。

管理箴言

战略就是：明确不做什么。

Chapter 2

第二章

真华为鲜为人知的
经营模式

华为之本：以客户为中心

我们先从最近几年出版的华为公司高管培训读本《以客户为中心》中摘录如下内容，统观华为对"以客户为中心"的官方理解。

一、华为的成功就是长期关注客户利益。

天底下给华为钱的只有客户。

公司唯有一条道路能生存下来，就是客户的价值最大化！

为客户服务是华为存在的唯一理由，这要所有员工发自内心，落实在行动上，而不是一句口号。

二、客户永远是华为之魂。

客户是永远存在的，以客户为中心，华为之魂就永在。只要能真正认识到这个真理，华为就可以长久生存下去，不随自然规律的变化而波动。

无为而治中必须要有灵魂。华为的魂就是客户，客户是永远存在的。

三、客户需求是华为发展的原动力。

公司的可持续发展归根结底是满足客户需求。满足客户需求才会有生存之路。

面向客户是基础，面向未来是方向。不面向顾客就没有存在的基础。不面向未来就没有牵引，就会沉淀、落后！

以客户为中心的几大灵魂拷问

以客户为中心，一切工作以客户为牵引，这听起来平淡无奇，但如果再追问如下几句，没有多少企业能说清楚的。

（1）你的客户到底是谁？
（2）是否围绕客户配置资源？
（3）流程是指向客户的吗？
（4）与客户是健康的关系吗？
（5）工作好坏以什么为标准？

曾经有国外知名大学教授评点华为的成功时，强调华为因为以客户为中心而成功，并且提到有一些国际巨头企业因盛转衰是因为随着企业变大并没有坚持初心，或者企业大了，不少以客户为中心的工作难以坚持，在现实工作中变异了。

以客户为中心的基本原则

任正非作为创始人误打误撞开创的事业，现在进入全球行业第一阵营，华为公司一直遵循着以客户为中心的原则。通过以下这些可以看到从售前到售后、从战略到执行、从采购到交付、从交付到维护、从生存到公司优化升级、从过去到未来，华为公司始终围绕着以客户为中心的原则。

（1）公司从售前到售后，从战略到执行，处处表现出以客户为中心。

（2）在设备采购前期，华为的销售和售前就会根据客户的需求制订方案并不断交流修订。

（3）设备使用后，涉及维护保养的问题，华为的原则都是优先解决问题满足客户要求。

（4）涉及华为设备以外的相关问题，他们也会协调公司内部资源协助客户。

（5）华为的数字化转型战略中也强调了以客户为中心的重要性，积极推动相关优化。

（6）他们认识到了未来企业的竞争就是客户服务能力和内部运行效率的竞争。

面向客户是基础，面向未来是方向

任正非说："如果不面向客户，我们就没有存在的基础；如果不面向未来，我们就没有牵引，就会沉淀、落后……"对于华为而言，"进攻是最好的防御"。在运营商是华为公司的关键客户的时候，任正非认为，运营商是华为公司近距离的客户需求，远距离的最终客户才是牵引华为的客户需求。

华为公司原来是面向B端客户做交换机等产品的，2019年华为公司年报业绩显示，其终端消费产品的业绩已经过半，华为公司俨然是一个面向C端消费者的公司，无论是B端产品还是C端消费者产品，华为都已处于全球第一行列甚至领先地位。这就是在坚持战略定位的前提下，面向未来的发展结果。

最初华为公司不做C端消费者产品，在市场需求逼近下才开始生产。即使在开始的产品生产制造过程中，也是需求在指引着华为公司不断试错，不断调整过程，从而成就了华为的手机事业。

_ 华为公司搞定客户的"三步曲"

首先，我们要尽量发现并分析出影响客户价值判断的所有要素。如果我们已经从多处了解到华为公司的信息，就能够觉察到华为公司识别客户价值判断的因素不只是产品性能，还有体验、个性甚至地域文化特点等。任正非提到华为公司的5G设施为什么在欧洲会具有较好的竞争优势，就是考虑到了欧洲一些地区地广人稀，以及别墅区的地下挖道传输难以实施，从而在设施上适应性研发，用1780项专利来支持客户的需求得到满足。

其次，我们要找到客户最重视的利益、竞争对手的价值定位与企业自身资源优势三者的结合点，作为价值创新的突破口。无论是从马斯洛的需求层次论，还是专业营销上的需求分类分级，这些都是有主次之分的。如华为提出的"建立不打领带的客户关系"，这可能就是竞争的一个特别的突破口，也是一个价值创新的特别方向。

最后，我们根据选定的价值创新点配置内外资源，从整体产品概念出发，为客户提供感知价值，以实现价值定位。华为公司的"铁三角"分别从客户经理、解决方案专家、交付专家三个角度来无缝衔接满足客户需求，充分说明了整体产品概念的实施。

_ 识别客户价值

华为公司三十多年的客户运作，在这方面已有如下积累。

1．需求识别与竞争优势发掘。

项目制的客户价值从专业营销上来讲，不只在企业层面，还有个人层面、意见领袖层面等的价值体现。波特的竞争论提及成本优势、专业性、差异化取得竞争优势的三个方面，这些都是在现实中大客户合作的关注点。

2．寻找满足需求的价值创新机会。

专业营销上有"有害需求"的说法，就是避免或解决烦恼，从而产生反向需求满足的营销行为。有烦恼就提供解决烦恼的办法与手段，这种营销更能取得竞争优势与胜利。

特别的是，为避免研发人员只追求技术先进而缺乏对市场的敏感，华为公司规定每年按照评估须有5%左右的研发人员转做市场，同时也会有一定比例的市场人员依据其专业与能力特点转职研发部门。研发人员转做市场在技术市场营销中就更显专业性，更具服务能力与优势。

3．用产品和服务快速、高度满足客户需求。

华为产品成功的另一个理由是响应客户需求比竞争对手更积极、更快，服务更周到、全面。

据原华为市场策划与推广部部长郭海卫回忆，1999年，华为成为最先和中国移动一起做神州行预付费业务的企业，当时他们已经提前觉察到这个潜在市场需求，在内部已经部署，做了技术储备。

所以，中国移动一提出供应的需求，华为公司早已"万事俱备，只欠东风"，立马全力响应。中国移动一期工程全国计划铺设25个省市点，只有华为一家能有资格与能力承建。两年时间，华为没赚到一分钱，但很好地实现了业务合作，满足了客户的紧急需求。

业务合作之后，中国移动公司从中体悟到了华为公司"以客户为中心"的真正实践能力，在二期招标时一次性给了华为 8.2 亿元的订单，这是华为在当时最大的一笔合同，利润率也远高于其他产品。

当然，这里得补充一句：客户价值并不一定是通过分析或经验就能取得的，这需要企业员工长期跟踪与积极响应、互动才能取得，来得慢，但能很持久。

_ 创新与价值聚焦

华为的科技创新有着明确战略导向下的决策，依据二八原则，向目标大客户价值聚焦，实现技术与市场的有效对接。

1. 以应用创新满足潜在客户最优价值。

华为公司决策层认为，华为公司技术发展的重点不是科学研究和技术发明，而是通过多种形式和渠道及时获取先进技术成果，并科学地掌握和应用这些技术成果，在技术应用上创新（**因为现在华为公司的赛道已经进入无人区，需要基础科学积累才能走出自己的路，引领行业，为社会做更大的贡献，所以现在华为也在与全球大学合作，以及招募大量基础学科科学家，进行前沿的深入研究**）。

科技发展和产品发展的重点应紧紧围绕产品开发来展开，把先进技术和最新技术应用到产品开发中去，提高、完善、优化产品技术，降低产品成本，提高产品稳定性与性能，提高产品的市场能力和获取高额的市场回报。任正非曾在访谈中谈道：华为的 5G 设备为什么能在欧洲广为接受，就是产品成本与服务费用极度降低，产品性能非常好。

我们也能看到，在华为公司以前拿下的泰国移动运营商 AIS 智能网建设项目中，体现了华为人对客户感知价值的热心和敏锐。为了展示泰国旅游业的特色，华为公司很快帮助AIS开通了在手机上进行"小额投注"的博彩业务，5个月内，AIS便收回了投资。

华为在研发客户需要的技术方面做得既专注，又快速。前华为副总裁洪天峰曾表示："在应用技术的层面上，我们的技术储备不输于跨国公司。"随着中国的移动互联网在世界的前沿发展，华为移动互联网多方面的应用技术和AI的应用技术也走在时代前列。

2．市场需求或潜在需求引导科技与产品创新。

华为通过建立、运作有效的市场需求调研与一线信息回馈系统，为研究开发提供足够的信息来源，使技术与产品开发及时感受到来自市场竞争的压力与来自市场需求的变化，从而使研究开发始终具有内在的活力。当然，这也使华为现在每年几百亿的研发费用有了用武之地，有了产出价值。

- 技术发展水平牵引产品开发水平
- 产品发展水平制约市场创新
- 市场创新引导产品创新

三者之间的有机协同与组合是华为公司取得最终竞争优势的关键。

华为将高投入的研究开发，和高强度、高水平技术装备的中试与大规模高效运作的市场营销共同统一于面向客户的大市场，实现科技创新与产品创新、市场创新的有机协同和相互转化，形成了华为公司有竞争优势的产品与服务。

华为的产品不一定性能最优，但一定适用；技术不一定最先进、最前沿，但一定可以满足客户急需，并且帮助其获取想要的效率和利润。华为在自身资源整体处于劣势的情况下，大多时候都采取渐进创新的方式实现大客户价值，而不是冒巨大的风险进行激进创新。

其实，这里的产品研发创新理念也体现了华为的创新思想："鲜花插在牛粪上"，并不太追求"自主创新"，华为公司甚至更主张"小改进"。任正非曾经表达过一些革命性创新研发出来的产品多无市场，而一些小改进却让产品业绩、消费者需求很满意。

随着华为公司进入新经济发展的无人区，在科技与产品创新方面，遇到了新的挑战，也有了来自市场的更大的创新动力。

3．谋求客户感知价值最大化。

华为公司深知，客户感知价值最大化是竞争制胜的法宝。单从技术、产品等硬件角度很难与强大对手较量，于是，华为进行系统思考，分别从以下多维度、多因素来综合考虑，提升客户的总收益，降低大客户的总成本，从而赢得客户更大、更长久的持续与稳定的认可。

- 产品价值、服务价值
- 人员价值、品牌价值
- 情感价值、文化价值
- 社会价值等
- 货币成本、时间成本
- 精神成本、体力成本等

阿联酋曾经宣布由华为独家承建3G网络，当时这是华为甚至是中国厂商在全球的第一个WCDMA（宽带码分多址）3G项目。这个项目到现在都是华为人的骄傲，为什么？因为这一次华为公司并不是以低价格竞争取胜，而是比最低的出价高出一倍，客户因为综合评估优秀产品与服务而选择了与华为公司合作。

当时，华为公司的 3G 技术并未完全成熟，而且与客户的关系基础其实也较薄弱，虽然项目负责人顶着巨大的压力在阿联酋开了实验局，在最短的时间内完成了实验局的建设，但是由于技术还没完全成熟，且没有商用的案例，合作存在一些问题隐忧，甚至在与客户的交流效果评估中客户竟然给了最低的零分！付出的成本已经无法收回，只有期待看后续还有无机会了。

即使在这样的情况下，团队也没有放弃跟客户继续交流，努力使客户相信自己全力以赴的决心。技术上虽然暂时失利，但是客户开始对团队慢慢认可，毕竟人都是感情动物，中国人的情感营销也是一种重要的营销手段。

在最后时刻，团队找到了反败为胜的关键：2003 年 10 月有两个相关展览会——日内瓦展和海湾信息技术展，考虑到市场对运营商业务的重要性，团队决定帮助客户参加展览会进行宣传。

团队成员知道，这个时候和客户加强联系不但可以促进和客户之间的关系，而且可能会加快项目的决策进度，"死马当活马医"，即使拿不到合作，也要给潜在伙伴留下好印象！

日内瓦展开始之前，几个华为的销售员为帮助客户搭建展台调试设备，宁愿暂时牺牲自己的展台。展会开得空前成功，客户对华为的做法非常满意，一个展会下来，华为人与客户之间的关系基本牢固，从而为后续合作打下了牢固基础。

这里，又可追溯到《华为基本法》第八条："华为的目标是以优异的产品、可靠的质量、优越的终生效能费用比和有效的服务，满足客户日益增长的需要。"这种质量理念反映了华为客户价值最大化的战略意图。

华为——以客户为中心的最好践行者

怎样才能让企业走得更远？任正非给出的答案是客户。华为芯片公司总裁曾提道：老板（任正非）创业时40多岁，并不懂技术，但老板给了大家一个最简单的学问——对客户好你才能好。任正非也在演讲中多次提到华为的魂是客户，只要客户在，华为的魂就永远在。

2010年，"以客户为中心，以奋斗者为本，长期坚持艰苦奋斗"被正式确定为华为的核心价值观。这三句话平平淡淡，似乎是常识，但能不能始终如一地贯彻就是企业间的分水岭。

华为要求全体员工都要以市场为导向，唯客户的需求马首是瞻，而不是上级或者老板，所谓不能"眼睛对着领导，屁股对着客户"，而应该相反。所以我们在媒体上经常看到任正非没有专车，没有专职司机，一个人坐飞机，下了飞机坐摆渡车，出了机场自己打车去宾馆或会议地点。70多岁的人，依然保持这样的工作状态。这是任正非及华为公司以客户为中心的最真实表现。

如果各级干部员工把服务好老板当成首要任务，估计就没有时间去钻研客户的事了。

早在1997年，华为生产了第一台自己的交换机，任正非在一次活动的祝酒词中就讲道："华为文化的特征就是服务文化，只有服务才能换来商业利益。"服务的含义是广泛的，不仅仅是售后服务，从产品的研发、生产和销售等各个环节无不需要服务。华为公司对客户的服务贯穿始终。20世纪90年代，服务的概念在中国尚属稀缺产品，华为却把它做到了极致。其实，从营销专业上来看，服务也是企业的产品，在某些行业，服务甚至是企业产品中最重要的一部分。

客户的需求就是企业发展的风向标，唯有客户才是华为走向持续成功的根本。

管理箴言

任正非说：如果不面向客户，我们就没有存在的基础；如果不面向未来，我们就没有牵引，就会沉淀、落后……对于华为而言，"进攻是最好的防御"。

华为培养"主人翁"的"员工持股制度"

2020年华为全年的销售收入达到8914亿，同比增长3.8%，净利润6446亿元，同比增长3.2%，财务指标数据在极其恶劣的形势下仍极其优秀。

是什么促使华为的业绩如此漂亮，且持续增长？不少人认为，源自华为的员工持股制度。

华为员工持股的由来

任正非创业时，他和家人还住在简易棚屋里，生活清贫。他用2.1万元注册了华为，公司稍有点钱就投入巨额资金研发。他瞄准世界一流搞研发，遥遥无期中注定了生存危机：资金拮据。华为员工名义上工资不低，但只能拿一半，且剩下一半全都是打白条。

由于华为公司是外行进入，研发还是存在一定风险，如果研发失败，一切公司的发展都是空谈。当时员工私下议论最多的不是公司发展而是哪天会破产，担心那一半没发的工资最终打了水漂。一些意志不太坚定的老员工耗不住了，一等分了钱就辞职走了。

任正非当时就反省需要什么样的机制才会使华为公司成为技术性

人才不会离开的归宿？他感慨："我们要尊重人才，使用人才，但绝不能依赖人才，放纵人才。"

于是，任正非就拿自己的困惑跟父亲探讨。父亲作为教师，有相当的见识，举例说民国年间，常见一些大老板投资后去请掌柜。掌柜不用出一分钱，却每年可以依经营情况获得高达四至六成的分红。在这种激励机制下，这些掌柜都不用老板给压力，反而自己给自己加压，给员工激励。

父亲这种颇具见识的话语一下子点醒了任正非。于是，他立马坚决地做了一件事：出台员工股权激励机制。

为什么要员工持股？

我们听得较多的是管理层持股，以及优秀员工持股，原生性的从企业初创不久就开始员工持股的企业在现实中并不多见。

在员工中实施持股计划，这就等于将公司的长远发展目标和员工的个人发展及贡献有机地结合在一起，员工是在为自己打工，或者说员工就是"主人翁"。

在现实中，每个企业的老板确实希望每个员工都有"主人翁"精神，而员工如果每月只拿固定的工资，最多拿一些奖金、佣金，那么他们自然只会有"打工者"层面上的认知。

员工持股计划对于企业发展推动的作用是极其明显的，但是为何现实中其他企业不采取呢？而最多只是高管持股呢？这一切的根源都是利益，毕竟在这些大企业里，即使一个点的股份代表的往往也都是几亿元甚至几十亿元的资金。

1. 员工持股主要有什么好处呢？

（1）员工持股制度有利于让员工培养"主人翁"意识，用机制来调动员工的工作积极性。

（2）可以克服公司人员作为员工和股东双重身份产生的不调和。员工需要遵循职责实现工作目标与考核，而股东的角色又享有《公司法》和公司章程规定的权利和义务，可追求全体股东的最大投资回报。

（3）当然，员工持股在利益分配制度上不同，收益上有着明显差别，是最受人期待的方面。普通员工持股可以分享公司的业绩和资本增值，增加收入。

（4）能够提高员工参与经营管理的意识，员工持有公司的股份将会更加关注公司的经营，还会主动关注自己的资本回报，具备股东的意识。

2. 高管层面持股益处。

（1）让高层管理者的个人利益和公司利益相结合，解决委托人和代理委托人之间的利益结合。

（2）保证高层管理者的薪酬和业绩相结合，保证高层管理人员对公司的忠诚，保证对优秀人才的吸引，这也是高管持股一个很重要的出发点。

（3）保证高层管理者薪酬的动态性。

当然，无论是员工持股激励还是高管持股激励，随着公司的发展与业绩的提升，他们都有可能以"功臣"自居，懈怠工作，但也能有拿到丰厚报酬的情况，这就需要一些配套机制，来避免这方面的情况发生。如华为现在就采取虚拟股的方式，不断改进华为的员工持股制度。

华为员工持股制度依据

在《华为基本法》中，对考核体系的建立做了明确规定。

任正非作为企业创业者，将企业的价值分配想得非常清楚，《华为基本法》第一章的宗旨就非常清晰、明确地提出了价值的分配。

当然，在这一条之前，《华为基本法》的第一章第二条就明确了员工在华为的位置，就有了价值分配的依据。

《华为基本法》第六十五条，华为员工考评体系的建立依据如下。

（1）绝大多数员工是愿意负责和愿意合作的，是高度自尊和有强烈成就欲望的。

（2）金无足赤，人无完人；优点突出的人往往缺点也很明显。

（3）工作态度和工作能力应当体现在工作绩效的改进上。

（4）失败铺就成功，但重犯同样的错误是不应该的。

（5）员工未能达到考评标准要求，也有管理者的责任。员工的成绩就是管理者的成绩。

基于这些朴素的原则，要享受到华为的员工持股资格，华为列出了五大依据。

（1）才能

（2）责任

（3）贡献

（4）工作态度

（5）风险承诺

有人也对什么人才能获得华为股权做了一个总结。

（1）历史的贡献者

（2）现在的奋斗者

（3）未来的优秀者

（4）潜在的卓越者

（5）紧密的合作者

通过这么多年的运作，华为现在的员工持股制度一路改善升级，可以说，华为就是员工自己的公司，而任正非作为创始人，只持股百分之一点多，确实非常值得尊敬！

华为每年的新股份是从哪来的？

一般来说，华为每年新增的持股主要来源有几个。

1. 增发股份。

比如截至2017年末员工持股计划参与人数为80818人，但是到了2018年末员工持股计划参与人数达到了96768人，新增15950人，增幅达到19.73%。

2. 高管腾出股份。

最近几年包括任正非和前华为总裁孙亚芳等高层都在减少股份，

让出来给新员工，比如截至2017底，任正非的总出资相当于公司总股本的1.4%，但是到了2018年底，任正非的总出资相当于公司总股本的1.14%。减少了0.26%。这些股份放到了股权"大池子"里，就有可能充实到新增的员工股份中。

3．员工离职股份回购。

华为公司的持股员工在离职之后，华为员工工会会回购离职员工的股份，再用于奖励新的员工。

4．有些持股员工被取消配股。

有些老员工长期持有股份但是不出力，光等着分红，坐享其成。在此种情况下，华为公司对员工持股与收益进行了多次改革。比如在2011年4月份，任正非与公司高层召开"如何与奋斗者分享利益"座谈会，当时内部分析研究数据显示，由于长期坐享公司股票的增长以及利润分红，出现了一些"怠惰"的员工以及渐渐弥散的"不再奋斗"的气氛，任正非表示希望持股较多、将要脱离一线的老员工主动把所持的股票数量降下来，以便给新晋的"奋斗者"更多机会与收益。随后，华为公司进行专项设计，出台了一些政策，考量持股员工，对表现不达标的取消持股资格。

5．持股员工自动放弃的股份。

有些员工也有需要大额资金的时候，这时候就会释放一部分股份出来，可分配给新的员工。

随着业绩增长，华为的持股除了能分红，股价还逐步上涨，所以，在华为的持股员工，工资只是零花钱，这不是笑谈，而是现实！

华为改进的股权激励方式

2013年,华为又进行了股权激励模式的升级调整,叫TUP(时间单位计划)模式。

该模式主要内容是给员工股权激励的时候,明确了5年的激励期。

(1)第1年按条件进行配股,但是没有股份分红。
(2)第2年开始有股份分红,每年分红为1/3额度。
(3)持续工作5年,第5年基本可以拿到饱和股分红。
(4)第5年结束,股权激励归零,依如上逻辑,复始一遍。

这套华为公司实施的TUP模式,目的就是解决华为公司发展到一定时间段之后,创始团队的部分人员"躺"在华为股票的利益上混日子,不思进取,甚至阻碍发展而采取的五年期轮回式股权激励模式。

华为员工持股计划的本质

《华为基本法》撰写者之一吴春波教授曾经说过:"如何使普通的劳动者成为资本性工人?员工持股计划就是可探讨的方式,员工通过一定规则持有公司的内部股份,有条件地参与公司的利润分配,与企业管理者共享公司的成功与收益,这就是员工持股计划的理论基本构架。"

因此,通过员工持股计划使员工拥有双重身份:一重身份是劳动工人,通过劳动取得工资报酬,用来养家糊口,体现工人的一面;另一重身份是资本工人,通过内部持有公司的股份积累公司财富,这是从劳动者的角度来看。

从企业的角度，员工持股计划通过内部设计，给企业带来了两种力量，一种叫作经济的力量，一种叫作民主的力量，这就是凯尔索讲的二元经济学理论。

不少企业员工羡慕华为员工持股制度的先进性，但我们不要忘了，华为确实是一个不同于其他公司的公司。只是华为在任正非的创领下做出了许多中国企业达不到的世界管理水平，中国企业如何学华为，成就自己，这是企业非常重要的课题。

管理箴言

任正非说：我们要尊重人才，使用人才，但绝不能依赖人才，放纵人才。

为什么注重技术的华为却提倡"技术第三"

任正非说:"华为技术第三,一定要注重客户需求。客户的评价标准是觉得质量很稳定,功能很好,技术还先进,这就是好。谁按技术好坏来评价工资与奖金,就肯定不对,一定要按贡献来评工资与奖金。客观上说,技术是重要的但不是唯一手段,更重要的手段是满足客户需求。当今的客户需求是由多种环节、多种技术组成的,比如说一个小盒子并不是每个人都能做出来的,它并不简单。因此从这个角度讲,大家要慢慢认识到技术是很重要,但崇拜技术不能像崇拜宗教一样,我们对待技术不能有这样的想法。产品研发不能唯技术为重。我们的价值评价不能唯技术为重,一个人技术再高,做不出产品或者做出来的产品没人买,也没用。千万不能唯技术衡量人,否则用这种价值导向牵引下去,公司就是死路一条。"

一个技术研发年投入达到销售额10%的公司,却还在清晰地认识到"技术第三",确实值得写一写、学一学。

以客户为中心,没有对技术的直接需求

任正非曾经有过对"以客户为中心"的精准表达:"屁股对着老板,眼睛才能看着客户。"

以客户为中心，华为还有过"帮助客户解决其自己的问题"的表达。但这些都是一种"表达方式"。真正的"以客户为中心"，从专业上来说是以客户的需求、购买为中心。

而需求，从专业上来讲是分好几个层次的。质量是功能效用能够实现的基本保障，而功能效用是需求最基础、最原始的一个层级。

从这几个消费者需求的层级来看，有个性的需求，有情感的需求，有文化的需求，就是没有技术的需求！

因为，技术是促进、实现或完成这些需求的内在元素，而非消费者、用户直接的诉求。

这几年移动互联兴起，不少的创业者进行"技术创业"（**虽然现在更多看起来是流量创业**），我就曾经见过不少的创业团队中十几个人都是技术人员，产品开发出来后完全不知道市场在哪、做这个产品何用、目标群体是谁、该如何定价、如何建渠道、消费者购买理由是什么，这样，一个个创业项目最终因产品得不到销售而流产！

所有营销的目的都是建立信任

技术是消费者不需要去理解的，如苹果手机，一键操作，简单方便。

即使有些产品将技术露出，将其当作最大卖点进行推销，如"这个产品使用了什么划时代的技术"。

这也只是在某些情况下增加消费者购买信任而已。其实有些时候，消费者不懂，觉得太玄乎，反而产生不信任感，觉得是在胡吹。

而这里，其实最需要提及的是消费者"认知大于事实"的营销法则。

所有的营销，包括技术营销都是为了建立信任，而建立信任更应从任正非所说的质量、功能来表达，因为这样消费者更容易理解，更容易产生认知。

所以，深奥的技术表达在营销上有时极有效，但更多时候并不太值得大力宣传。

技术不是消费者语言

记得华润啤酒公司曾经专门设立了一个项目，即全国性统一营销语言。我们当时就将一些华润内部的产品制造语言翻译成消费、市场习惯的语言。

日常生活中，我们有"鸡同鸭讲"的说法，就是他在他的语言逻辑里，你在你技术范畴内的语言逻辑里，他听半天听不懂，还会购买你的产品吗？当然不会，有些人觉得新奇，更多人会敬而远之。

任正非对"技术第三"的全面理解

任正非说："我一贯主张'鲜花插在牛粪上'的，我从来不主张凭空创造出一个东西、好高骛远地去规划一个未来看不见的情景，我认为要踩在现有的基础上前进……我们坚持'在牛粪上长出鲜花'来，那就是一步一步的延伸。"这段话的意思就是技术开发得有前因后果，得有前期相当的时间、基础条件进行滋养，再去开发创造。

2007年，任正非就提出了明确的战略，并彻底放弃了技术导向的战略。任正非在内部讲话中提道："超前太多的技术当然是人类的瑰宝，但必须牺牲自己来完成。IT泡沫破灭的浪潮使世界损失了20万亿美元的财富……"可以说，从那时候起，华为就已经明确将技术导向战略转为客户导向战略。

而在具体行动措施与制度配套中，华为也有了匹配性的主张，这个主张在其他企业看来也是非常异类的，即"小改进大奖励，大建议只鼓励"。哪个企业不喜欢大建议呢？大建议难道不比小改进更好？这应是华为的实践所得，也可能是更符合"以客户为中心"的价值观的体现：小改进，可能对客户更有直接效用！

技术最终要回归传统

从移动时代、数字时代、智能时代来看，技术基本都是融合原来的产业做升级，纯技术的屈指可数，且都处于融合阶段。

这两年的创业项目已经可以说全部回归到了与传统行业结合的状态：原来的SaaS（软件服务化）项目增加AI能力，传统的运输、检验、操作工作增加AI能力，提高效率……这些技术都融合到了传统工作中，而传统工作的效用、功能还是基本没变！技术很自然地落在了"质量第一，功能第二"之后。

为什么"质量第一"？

因为只有质量才能建立信任，成就口碑，建立影响，才能让目标用户消费体验到功能、技术。

至于质量的范畴，随着消费市场的演进，服务质量可能也将逐步纳入。

"质量第一"其实让那些想通过营销、造势，让消费者通过认知大于事实来理解的企业而获得一时的业绩，但不太可能长久。

"质量第一、功能第二"其实就是以客户为中心的经营系统。

"质量第一"是约束自己，"功能第二"是满足需求，连起来就是约束自己做质量最好的产品，提供最优服务，满足消费者的需求。

"技术第三"为什么值得讨论?

移动互联、数字化的未来是创造价值端,不只是商业,还包括工业、制造业。

"技术第三"为什么值得讨论?其实,就是希望大家正确认识时代的需求脉搏。

华为的技术研发年度费用上千亿,为什么还在提"技术第三"?就是在告诉我们,企业的最基点是做好高质量的产品,满足客户需求。不能盲目追风口,去钻研特别的技术。

_____ **管理箴言** _____

任正非说:我们的价值评价不能唯技术为重,一个人技术再高,如果做不出产品或者做出来的产品没人买,那么也没用。千万不能唯技术衡量人,否则用这种价值导向牵引下去,公司就是死路一条。

华为的"中国化管理体系"建设之路

任正非多次说过：我不懂管理。

所以，华为先僵化，再固化，后优化，聘请大量优质咨询公司进行全面的科学管理系统建设。

现在，华为已经形成了完备的科学管理系统。

而任正非现在只管方向、原则等方面，基本不再负责日常管理，而由科学管理系统代劳。连推行多年的轮值 CEO 制度，也是科学管理的结果。

引进科学管理并内化

华为公司在逐步壮大的过程中坚定了"科学管理体系"建设之路，引进了全世界优秀的组织管理方法论，同时也对方法论进行了很好的内化，准确地说是"中国化"。

1998 年，成立仅十年的华为引入 IBM 参与 IPD 和 ISC（集成供应链）项目的建立，5 年期间共花费 4 亿美元升级了管理流程。其手笔之大，决心之强烈，当时业内少见，现在也难以被追赶。

除了 IBM，华为还曾聘请过埃森哲、波士顿、普华永道、美世和合益等国际一流咨询公司。

华为坚定走"科学管理"之路

任正非曾称：未来华为的产品要占领世界大数据流量的制高点，除了靠创新外，还要靠严格、有效、简单的现代管理体系，只有在此基础上才能实现大视野、大战略。

管理是一门科学，也是一门艺术。很多人其实对这句话有误解，认为管理更重艺术，但是没有科学，艺术就是信马由缰，毫无章法。

中国有一句古语："以正合，以奇胜"，它与科学、艺术二者的辩证关系是同一个道理。

华为与"蓝血十杰"

任正非曾经在华为公司"蓝血十杰"颁奖大会上发表讲话，他表示华为会继续坚持工业科学管理，最终实现占领世界大数据流量制高点的大战略。

"蓝血十杰"是第二次世界大战后福特汽车公司聘请的十位精英，他们帮助福特走出低谷。他们由于对数字和事实报以矢志不渝的信仰，以及对效率和控制的崇拜，获得了"蓝血十杰"的称号。而华为借此来表彰公司运营精英。

任正非在颁奖大会上发表了讲话，他开篇就谈到了流行的"互联网思维"争议："有一种流行的观点认为，过去的工业科学管理的思想和方法已经过时了，现在需要的是创新，是想象力，是颠覆，是超越。我们认为互联网还没有改变事物的本质，现在汽车必须是车子，豆腐必须是豆腐。当然这不等于将来不会改变。"

他进一步阐释道："科学管理与创新并非是对立的，二者遵循的是同样的思维规律。科学地掌握生产规律，适应未来时代的发展是需要严格的数据、事实与理性分析的。没有此为基础，就谈不上科学，更不可能作为技术革命的弄潮儿。"

在过去二十多年中，华为花费几十亿美元，向咨询公司全面学习管理，开展了IT策略与规划、集成产品开发、供应链管理、集成财务服务和客户关系管理等各种科学管理项目，引领公司持续不断地、大步伐地走向市场。

任正非曾坦承虽然华为在管理上已取得了巨大的进步，创造了较高的效率，但是还没有实现各种流程的混流。如与爱立信比较，华为管理方面有更多的人力花费支出；在流程责任制上，还停留在流程遵从，大量资源掌握在功能部门手上；公司重叠的机构多，分工细等。所以，华为在科学管理的学习与改进上从没停止过步伐。

任正非表示，华为要学习"蓝血十杰"的科学精神、职业精神、理性主义，使各部门、各岗位的主要职责获得集成化的、高效的流程支持，打通端到端，并简化管理，最终提升一线组织的"作战"能力。

他甚至用"蛇"打了个比喻：蛇只有所有关节都打通之后，才能灵活地迅速转向，应对各种状况，游刃有余地前行。

但任正非也告诫华为的高管们，学习"蓝血十杰"的最终目的并不是自我膨胀、管理过度，公司还是要坚持"以客户为中心"的核心价值观，考核的标准还是"多打粮食"。

任正非在讲话中总结道："未来华为的产品要占领世界大数据流量的制高点，除了靠创新外，还要靠严格、有效、简单的现代管理体系。只有在此基础上，才能实现大视野、大战略。华为之所以能够在全球市场取得今天的成绩，就是因为华为十几年来真正认认真真、恭恭敬敬地学习管理，这是一条成功之路，是一条必由之路。我们今天为什么还要向"蓝血十杰"学习？就是因为我们还要沿着这条路走下去。"

_ 华为的创新管理理念与体系

华为将东方文化中的精髓融合进科学管理体系。管理需要有好的流程，但流程并不是一成不变，它也在适应变化，不断改进。

实际上，华为能有今日的成就，很重要的一个因素就是因为其形成了不断适应变化的新管理理念和管理体系，学以致用。学习不是为了学习而学习，而是要吸收、消化，变成自己系统中的有机成分。

在现实中，华为公司将那些不确定的要素包容到现有的管理体系内，它能迅速建立平衡，也能主动打破平衡。华为公司无论是任正非还是各轮值董事长，在危难、不确定性面前都是如此淡定和具有信心。

总结来说，华为的实践是从管理理念和管理体系上对原有的西方主导的管理体系进行了突破性提升，我们也能看到其中融合了中国传统文化下的管理理念以及军队管理精髓。

华为公司与任正非一直很低调，但在 2019 年任正非却频频露脸，接受国内、国际媒体访谈，据他自己说，是公关部门希望他出来露脸，向外界呈现一个更真实的华为。这就是管理理念适时更新的表现。

_ 任正非：互联网 + 现代科学管理

经过十几年努力，华为已经建立了统一的管理平台，平台上绝大部分数据是真实、可靠的，这使华为利用互联网方式继续改进管理有了扎实的基础。未来，华为的产品要占领世界大数据流量的制高点，除了靠创新外，还要靠严格、有效、简单的现代管理体系。只有在此基础上，才能实现大视野、大战略。

在改进公司内部管理方面，互联网大有作为。它可以使产业链内部交易标准化、数据化的信息快速传递，并全流程透明；通过信息互联加强内部的信息沟通和共享，推倒"部门墙"，简化内部运作、核算和控制，降低交易成本；运用大数据分析方法充分挖掘和分析公司客户需求的大数据，加强客户洞察，与客户共同创造价值；分析内部运作的合同、订单、项目、配置、库存、物流的大数据，支持及时、准确、优质和低成本交付；通过对人力资源的大数据分析实现人力资源的合理配置，牵引优质资源向优质客户倾斜。实际上，华为已经把标准化产品销售和行政采购搬到互联网上，实现B2B、B2C、O2O等多种新商业模式的运作。

华为管理永不止步

管理变革和建立现代企业管理体系的艰巨性和复杂性远远超过了华为公司最初的估计，而且随着公司全球业务的扩展和新奋斗目标的提出，公司管理不断面临新的挑战。目前华为的管理仍然存在一些难点问题。

一是跨领域、跨部门的端到端的主干流程的集成和结合部的贯通仍是目前最大的短板。各类流程看似各自都实现了端到端的打通，但到了真正使用流程的部门和岗位那里却是"九龙治水"，无法配合，效率低下。华为必须把公司级的管理变革进行到底。

二是公司运营管理与业界最佳实践还存在较大差距，已经成为制约公司市场竞争力提升的短板。华为公司在与爱立信对标的过程中发现同样的管理条件下华为的用人和用工比爱立信多。

同时，我们也看到如下一些对华为管理的重要思考。

（1）在管理中如何平衡授权与控制？

（2）企业管理是导向最终结果的吗？

（3）制度如何成为一种有生命力的文化？

（4）应该如何做好人才管理？

（5）管理如何拉动员工奋斗和企业发展？

从这看来，科学管理只有永不止步，才能不断超越自己，实现企业管理新的突破！

---- **管理箴言** ----

任正非说：科学管理与创新并非是对立的，二者遵循的是同样的思维规律。

华为协调局部利益与整体利益的解决制度

华为轮值董事长徐直军说：有些主管为了自己的部门利益，明明知道影响公司利益，明明知道公司的想法和要求，却在下面想方设法，花了很多时间、精力去搞他的"小九九"。尤其涉及我们有业务拆分和整合、团队和人员要划分的时候表现得非常明显。你这样做，公司怎么敢交给你更大的责任。如果你的责任更大，你更以局部利益为主的话，那么以后公司的整体利益谁来保证？

华为如何践行"整体利益"？

华为在 2019 年砍掉了一些边缘业务，使局部利益服务整体利益。如海底光缆业务的出售，以及与三大主营业务即运营商网络业务、企业解决方案业务、消费者终端业务关联不大的一些产品。任正非接受采访时说，华为公司于 2019 年已经砍掉了一些不重要的边缘产品，把这些力量汇聚到主航道上来做主力产品，在研发组织的改革过程中华为砍掉了 46% 的部门，把这些部门的优秀员工都转到了主产品线。

2020 年，华为公司又砍掉了荣耀手机业务，华为 Fellow（华为内部院士级别专家）艾伟表示："别人总是以为华为做不到，在意外发生后等着我们倒下。以前我们觉得什么都重要，所以什么都去做，而意外帮我们筛选了什么重要、什么不重要。"

另外，任正非有一个"价格伞"策略。华为在给手机产品定价时，不再完全是性价比策略，而是定稍高一点。为什么这样做？华为并不是为了获取更多的利润，而是因为华为手机全球出货量第二，国内产品出货量第一，价格定稍高一点，就像一把伞，保护着其他同行企业也能有稍高一点的价格与利润，从而使行业整体利益得到保护，同行都能得到发展。

良好制度协调局部与整体利益

集体利益是无产阶级人生观和价值观的核心，是社会主义道德的基本原则。对于企业而言，没有"大家"，就没有"小家"。

以下是集体利益的科学内涵。

- 集体利益高于个人利益
- 集体利益保障个人正当利益
- 追求两种利益高度统一

华为公司员工的平均年薪在2017年达到了约73万，无论在国内还是在全球同行业都是非常突出与领先的，但是，局部利益与整体利益冲突时，人们为什么还是会优先考虑到局部利益？

企业发展的假设要建立在"后为己，先为人"的基础之上，只有这样，企业制度的制订才更符合大多数人，以人为本才能落到实处。

所以，局部利益为重时，企业的制度存在改善空间。建立良好的制度保证体系是正确处理局部利益与整体利益的前提。

华为的责任考核机制

外界有不少人对华为的考核有误解，对 KPI 考核有误解。华为现在推行的是以责任结果导向简化 KPI 考核，即在责任结果的基础上衡量关键行为，创造价值。

任正非说：KPI 考核的改革是在内外合规边界内的责任结果导向，是减少更多考核的过程行为，考核的是当责和当责的结果，当瞄准结果考核的时候，我们要简化 KPI，所有人的奋斗目标就都清晰了。

从局部利益与整体利益来看，高管不仅有 KPI，还有考核责任，以下是华为高管的述职主要内容。

中、高层考核：述职＋KPI 考核（述职参考模板）

（1）不足与成绩

（2）环境与竞争对手分析

（3）KPI 完成情况与承诺（财务）

（4）策略与措施（内部过程）

（5）内外部客户满意度（客户）

（6）组织学习与成长（学习与成长）

（7）预算

（8）意见反馈

华为的干部考核机制有以下三个方面。

·责任结果导向、关键事件个人行为评价考核机制。

·基于公司战略分层、分级述职，即 PBC 承诺和末位淘汰的绩效管理机制。
- 基于各级职位按任职资格标准认证的技术、业务专家晋升机制。

关键事件过程行为是华为干部很重要的评定依据，一是看你经历了哪些关键事件，二是在关键事件中的过程行为表现如何。不管是高级干部还是基层干部都要定义一些关键事件去锻炼，在锻炼的过程中对体现出来的行为进行评价，从中得出关键事件过程行为评价的结论和绩效考察的结果。

在干部考核的过程中不完全看绩效，绩效只能证明你不会被淘汰，不能证明你可以被提拔。

年薪制让局部利益服务整体利益

推行年薪制，除开本身的一些高管工作特性外，其实也是让局部利益服务整体利益并融入风险责任制的方式。

年薪制是如何产生的？企业为了把经理人的利益与企业所有者的利益联系起来，使经理人的目标与所有者的目标一致，形成对经理人的有效激励和约束，由此产生了年薪制。

以下是几项年薪制管理原则。

- 报酬与业绩挂钩：企业经营者的年收入和经营业绩相关，年度业绩越好年薪越高。
- 报酬与风险关联：企业经营者年薪与其承担的风险相关，承担的风险越大年薪越高。
- 整体激励的原则：年薪者总体收入与风险报酬、短期激励和长期激励相关。

华为人的责任心

要使局部利益遵从整体利益，需要从制度上加强部门领导的责任感。

那么，如何加强部门领导者的责任感？

（1）明确岗位职责和工作标准。
（2）建立严格的工作流程。
（3）建立完善的监督制度。
（4）加强培训和教育，让管理人员认识到责任心的重要性。
（5）为各级管理人员和员工设计职业发展前景。

责任心是指个人对自己和他人、对家庭和集体、对国家和社会所负责任的认识、情感和信念，以及与之相应的遵守规范、承担责任和履行义务的自觉态度，它是一个人应该具备的基本素养。具有责任心的员工会认识到自己的工作在组织中的重要性，把实现组织的目标当成自己的目标。

火车头，加满油！

华为的业绩与薪酬反映出局部利益与整体利益其实是不冲突的。

整体利益有了，局部利益也会得到很好的回报。华为作为业绩最优的公司，员工的个人收益在国内也是最优的。

并且，华为一再强调：如果你是"火车头"，那么公司在理念与行动上都会为你"加满油"的！

管理箴言

任正非说：KPI 考核的改革是在内外合规边界内的责任结果导向，是减少更多考核的过程行为，考核的是当责和当责的结果，当瞄准结果考核的时候，我们要简化 KPI，所有人的奋斗目标就都清晰了。

华为对指标论与目标论的解读与区分

华为轮值董事长徐直军说：我们当中的一些主管只关注 KPI 的完成，但不知道 KPI 完成得很好是为了什么。比如某个平台每年的考核指标都很好，但慢慢把自己做没了，因为考核指标都是质量、进度、网上问题。

华为到底是为了追求一个卓越的、有竞争力的嵌入式操作系统，还是仅仅为了追求网上没事故？各级干部都要思考自己的工作到底是为了什么，不是单纯为了几个考核指标。仅仅为了考核指标工作就是不当责，当责的干部有清晰的目标。

企业目标——管理层工作重点之一

为实现企业目标，华为制订目标时采取了自己的独特方式，并形象地称为"戴帽子、拧麻花"。

戴帽子：把任务分解给区域和产品线，把目标设置为统一的要求，直接放到每一个产品线和每一个区域上。

拧麻花：公司内产品线和区域一起分解目标，同时给予相应的奖金包，使得产品线在推广自己的新产品时能够向区域设立奖金包，区域拿到奖金包后不但有了推广新产品的动力，而且还会向产品经理要求加强产品的某些方面。简单说就是设立一个共同目标，然后不同部门之间有奖金包可以作为互相交叉的激励机制。

首先，任何部门的目标被设置为企业统一要求，这样部门目标就尽量与企业目标一致，尽量避免部门指标与企业目标脱节的情况。

其次，产品线与区域设立了共同目标，交叉激励，也能尽量避免"部门墙"现象，有着与"铁三角"类似的效果。

总之，企业的目标基本就是两个纬度：一是满足市场需求，二是规避竞争，从而实现业绩保障与企业可持续发展。每个区域、部门、员工的指标分解都围绕着企业目标，并且用管理职能来促进、监督、控制，从而推动企业一步一步成长。

任正非为什么一直坚持不让华为上市？他说过，企业有资本介入时，企业目标即是满足资本市场要求，而不是企业按照市场与客户的需求继续得到发展。

指标考核：KPI 在华为越来越无效了？

某华为高管曾表达过：有人说华为在摒弃 KPI，启用 OKR，这其实有一定程度的误解。相对来讲华为更多的部门还是在使用 KPI 进行考核，只有极少的技术研发部门在尝试导入和使用 OKR（如 2012 实验室等），从 OKR 目前的导入情况来看，诟病不少。

当然，KPI 只是考核指标，不一定是直指企业的目标。

应该说在这方面，依我们多年做咨询顾问对这么多企业的深入了解，每个员工的 KPI 能完全促进企业目标的并不多见。可口可乐公司是为数不多的一个。这个公司的运营管理很简单，但是有一个非常突出的特点：几乎每个员工的工作都是直接指向企业发展目标的。2001 年可口可乐公司的战略目标进行了一些调整，即成为全方位饮料公司。

在公司的每个部门、每个员工、每个工作上，都有对促进全方位饮料公司形成的工作分解，包括上新产品、营销与销售新产品，这才促进了酷儿、冰露水、果粒橙等饮料产品的成长，为碳酸饮料业绩的下降进行了较好的填补。

所以，并不是 KPI 无效，而是不少企业的 KPI 就像企业的管理一样，总存在改进的空间。

_ KPI 考核及考核指标基本概念

KPI 考核是通过指标把对绩效的评估简化为对几个关键指标进行考核，将关键指标当作工作评估的标准，把员工的绩效与关键指标作比较的评估方法，在一定程度上可以说是目标管理法与帕累托定律的现实结合。

KPI 关键指标必须符合 SMART 原则：即具体的（Specific）、可衡量的（Measurable）、可达到的（Attainable）、相关的（Relevant）、有时限的（Time-Bound）。

KPI 的价值与功能使公司的战略目标得以落实，企业文化得以落地，使管理思想与要求能变成员工与企业的行为，能使员工的工作规范化，使员工的自我管理成为现实，使各级目标的实现有了良好保障，能使分配更加合理，更具有激励性。

从这看来，KPI 具有使公司战略目标落实的功能，也在促进各级目标的实现。虽然不少企业认为 KPI 在实施中并没发挥预想的作用，但是 KPI 本身作为管理工具的价值不容忽视。

_ OKR 与 KPI 的认知误区

因为谷歌（Google）等国际巨头公司实施 OKR，所以近年在互联网公司中也盛行 OKR。由于 OKR 在这些企业的推行过程中并不是作为考核指标推出的，所以就有了 OKR 是企业目标的说法，其实不然。

上面已经提到，华为只是相当局部的研发部门在尝试用 OKR，而谷歌等实施 OKR 之初，更像是对项目目标的激励，或者说是"小目标"。也就是说，以研发为主导的企业或部门可能当下较适合实施 OKR。OKR 在目前的中国企业中并不太适合作为企业目标的促进激励。又因为中国的老板们只问结果不问过程，比较喜欢考核，所以 KPI 还是不能舍弃，于是在现实应用中，有 70%OKR+30%KPI 的指标考核法，这违背了 OKR 的本意。所以，针对什么是考核指标、什么是企业目标、什么是项目目标、考核是为了什么等问题，还是需要企业更深入了解，才可能得到好的答案。

指标考核，首先要目标明确

一些企业管理者为实现企业目标会寻求更好的绩效考核办法，如 360 考核、MBO（目标管理）、KPI、BSC（平衡计分卡）等，将考核搞得很复杂。

曾有一个现在已经被收购，但原来在北京非常知名的消费品企业，其考核真是 360 度无死角，每个外勤员工每天填表达五六张之多，一项不填就扣分，员工一天工作八个小时，每个工作步骤都在企业掌控之下。结果，员工要么全部造假，要么离职，最终企业经营不下去了，老板又不愿意反思和调整思路，只得求收购。

还有一些企业，不但自己内部考核做到事无巨细，而且连经销商的考核也是洋洋洒洒近百项，动不动就以返利、政策为要挟，经销商苦不堪言。

其实，目标是越清晰越好，考核是越简单越好。标杆型企业的考核都在向"简单""所见即所得"看齐。

一个好的考核最朴素的标准就是：很好计算！能让员工清楚地知道付出与所对应的回报！这样，员工努力越多，收入越多，欲望越强烈，就更加努力，从而形成良性循环。总之，好的绩效考核方法就像一个游戏，符合目标要明确、规则要简单、能及时反馈、须层层过关这些基本原则。

所以，最终又回到本文的主题：指标考核，首先要目标明确。

华为干部要"当责"

作为干部，工作到底是为了什么？徐直军说出了企业决策者的困惑。

一个企业或一个管理者首先基本都要了解工作的目的、目标。

指标只是一种管理工具和实现工作目的、目标的管理手段。

华为是如何选择干部的呢？华为公司明确提出从如下条件的员工或干部中选拔干部后备队员。

（1）符合"公司干部四象限"原则，即绩效优良、有责任感和使命感、敬业与奉献、对公司忠诚并具备一定任职资格的中、外员工及干部。

（2）优秀特招人才参照上述标准，可以直接选拔到相应干部层级后备队进行培养。

（3）品德作为后备队员选拔的一票否决条件。

华为的干部必须有绩效，指标完成得过硬，有责任感与使命感，才能像徐直军说的"当责"，才能促进企业目标的实现；必须敬业与奉献，才能与企业保持一致，且使部门指标与企业目标没有偏离，而品德也是部门KPI不背离企业目标的基本条件。

在华为，对于干部工作到底为了什么，任正非有明确的说法："我们不缺'兵'，不缺专家，我们什么'兵'、什么专家都有，就缺能'带兵打仗'的'将军'。华为管理者的能力还不够高。未来5年，华为的营业收入要达到1万亿元，这需要更高的领导力，需要更多的'将军'。"他是指华为不需要培养更多的部门KPI达成者！

目标与指标的区分

经营管理的目标指的是企业经营所期望的成果，经营管理指标指的是衡量目标的单位或方法。

指标是一种可以衡量、考核的属性，普遍表现为一个公式或标准；目标是一方期望另一方或自己能达到的最终状态或计算、衡量后的结果。

企业普遍对以上存在认知不清与执行不力的问题，需要好好审视自己，并找到答案与解决办法。

──────── **管理箴言** ────────

在华为，干部工作到底为了什么，任正非有明确的说法：我们不缺"兵"，不缺专家，我们什么"兵"、什么专家都有，就缺能"带兵打仗"的"将军"。华为管理者的能力还不够高。未来5年，华为的营业收入要达到1万亿元，这需要更高的领导力，需要更多的"将军"。

移动互联时代更需"静水潜流"

现在的移动互联网时代，人与人之间交流，以及商业上的传播都发生了一些改变。一些企业家频频亲自上阵，做"明星企业家"，打造个人IP，甚至执意做"网红"，希望借此进行企业传播。

一些企业，最近也抢着上市。

其实，这些都是急功近利，甚至是错误的表现。前些日子，有位做企业的朋友在微信发朋友圈，深刻认识到企业没做好，一切都是假的没有意义的，并且开始沉下来认真做企业。

记得有一句企业服务行业的同行平常爱讲的话：螃蟹，一红就代表要挂了！因为肯定是被蒸熟了！

做企业，业绩需要一笔一笔订单来累加实现，产品需要静心来打造，品牌需要消费者良好印象积累，市场环境复杂更需要一点一点地去做客户、做用户。

所以，"静水潜流"是所有企业应有的经营理念。

记住，螃蟹，一红就代表要挂了。一些企业，比螃蟹要脆弱得多！

华为要的是成功，不是口号

任正非说：华为与国际对手有巨大差距，如果不首先建立起与国际接轨的流程化组织和职业化员工队伍，那么不可能在高端的产品及市场领域与竞争对手抗衡，更无法实施收购、兼并策略。

与国际接轨的流程化组织和职业化队伍不是一朝一夕之功，华为成立 32 年，第一次请咨询公司进行变革已经过去至少 24 年，每年花费几个亿，这些都是一步一步艰难地走过来的，中间任正非甚至得了抑郁症。现在的消费者事业板块也是从原来的运营商业务艰难地走到了自有品牌发展上的，这个板块曾经亏损严重，员工基本上信心全无！"没有谁能随随便便成功"在华为得到了最好的诠释。

"我们要的是成功，不是口号，有人说华为运行得平平静静，没什么新闻，是不是没戏了。我们说这叫'静水潜流'。表面很平静的水流，下面的水可能很深、很急。华为现在很平静，说明公司已经逐渐规范化了。"任正非如此认为。

平静才说明逐渐规范化了，流程顺畅，才没有那么多大起大落。员工队伍成熟才没有那么多大开大合。竞争抗衡有优势才不会让领导亲自出来站台营销！

华为借助一系列管理手段，如各种培训、任职资格制度、五级双通道职业发展路线等来推动员工职业化经营管理水平。现在，华为的员工职业化与管理变革已经使华为职业化的人与管理创新之间的不适应甚至"排斥反应"大幅度减少，公司也一直走在变革、创新发展的道路上。

_ 静心打造内部才能全面协调运转

"华为现在表面很平静，说明公司已经逐渐规范化了"，这在华为内部似乎成了共识，可是不少企业却不希望表面平静，反而非常希望能刷到存在感。

如果一个老板希望表面平静，可能代表着已经看透了内在。所以，任正非说：表面可能平静，但里面水很深、很急，运转正常以及充满活力与动力。

不少企业管理者耐不住表面的寂寞，没有真正的企业家心态。企业是一个完整的系统，要让每个螺丝、零件、模块都全面协调运转，是需要沉下心来进行内部打造的。如果只是外表炫目，只能像烟花一样，瞬间灰飞烟灭。

规范化才能使企业成功

规范化基本代表各操作环节到了较优状态，各职能之间磨合成熟，各职能板块运转正常，损耗最低，效率、效果都到了一个稳定状态。

企业内部规范化运作是最省时、省力的，因为复制成本最低，以及纠错人员、时间、费用成本都低。

其实，在移动互联时代，这些已经逐渐不可能了。移动互联时代，企业只要一上线，是否规范就一目了然。有人提到，未来的数字化时代，规范化的系统、工具大量应用的基础是规范化的流程与运营，软件、工具、人工智能需要被代码统一接受才可能运行，更需要规范化。现在整个经济社会已经迈入数字化时代，企业不逐步规范化，未来基本不可能成功。

机会主义只能瞬间灿烂

我们在现实中会看到一些企业走短线，搞技巧，期冀能够一炮而红，也不管未来可持续发展如何，这其实就是机会主义。

机会主义始终会有一定的市场，但要成就伟大的企业，机会主义没有胜算。

近几年我们看到不少企业以纯粹的商业模式创业，基本没有创新，更没有深度的底层技术，只是看到移动互联的红利后希望通过2VC(迎合风险投资人的兴趣和爱好进行项目创立的行为）能侥幸被资本看中，从而轻松成功。人心浮躁，追逐风口，投机取巧，没有人想到要将企业做出来、做好、基业长青，好像成了当下不可忽略的现象！

_ 静水潜流也需要创新

大型企业反而习惯在静水潜流的状态下进行创新，而不是追风口。

这基于它们前置性、专业性的行业，专业、产品、竞争、市场、消费者研究等。

可口可乐公司基本提前五年就会开始进行创新性产品研究。虽然此类产品更新慢，但是仍挡不住可口可乐、雀巢、宝洁、百威等国际公司创新的力量与决心。可口可乐公司的定位一直是非酒业饮料公司，一百多年来不知有多少诱惑让企业进行跨界和品类扩张，但可口可乐公司至今只做些许调整，未曾真正改变。

大家也都知道，日本的一些汽车、相机等企业都有自己的创新保留技术，以随时应对风高浪急的新形势。

所以，华为在操作系统方面的开发已经付出了十多年的努力，面对封锁打压，麒麟操作系统横空出世，鼓舞国人！

所以，百年企业如可口可乐公司还是百年长新，仍然年轻，如果不创新与紧跟时代，早已被时代消灭掉了。所以任正非说，华为即使面对几百亿利润的其他行业也不为所动，静心以客户为中心，做好自己的产品，提升整个企业的经营管理系统能力，做一个"寒冬来有备冬衣"的企业。

_ 华为只有变化才能获得新生

任正非在内部讲话时说：三十年河西，三十年河东，华为公司要想获得新生，我们的组织、结构、人才等所有一切都要变化。如果不变化，肯定不行。如果我们抛弃这代人，重新找一代人，这是断层，历史证明不可能成功，那么只有把有经验的人"改造"成新人，通过变化赋予新能量，承前启后，传帮带，使新的东西成长起来。

华为要新生时，任正非都没提要颠覆自己，来一次绚烂的革命，提一些漂亮的口号，频频出来为三十而立的华为做营销，何况我们呢？

管理箴言

任正非说：我们要的是成功，不是口号，有人说华为运行得平平静静，没什么新闻，是不是没戏了。我们说这叫"静水潜流"。表面很平静的水流，下面的水可能很深、很急。华为现在很平静，说明公司已经逐渐规范化了。

不做昙花一现的英雄

这句话很有意思，是否代表个人英雄基本都是昙花一现的？

英雄昙花一现，企业也可能昙花一现。

在《华为基本法》出台的 1998 年，任正非发表了题为《不做昙花一现的英雄》的文章，其中就提到了"要有做大企业的思想准备和组织准备"的重要论断。

现在也有企业提到"不做五百大，要做五百年"。或许，基业长青的企业才是经营管理能力强的表现。

中国有些企业确实喜欢烟花一样的绚烂，美其名曰：我曾经辉煌过。

可是，随着时代更替，灰飞烟灭的企业还有谁会提起？

商场比战场更残酷

有很多人推崇一句话：商场如战场。

其实，商场从某些意义上讲比战场更残酷：如竞争手段，更诡秘、更无形，有更多的智取成分；如跨界竞争、不对称竞争，可能使企业还没上"战场"，就已失败，如某手机品牌本来是功能手机的领导品牌，就是因为没把握住智能手机时代的到来，现在只能惨淡经营；如商战的竞争更持久，一场"战争"持续一天至几个月不等，如可口可乐公司和百事可乐公司的"战争"长达百年仍未结束。

战场英雄可能一朝用力，一场战争就成了英雄。可是商战英雄不只是赢一场战争，赢一场战役，可能是数年的坚守。

危机意识能让企业更长久

无论是任正非还是张瑞敏，这些中国顶级企业家都是最低调谦卑的，做企业的危机意识极其浓厚。

为什么？因为他们认识到了商战的残酷性与持久性。

我们已经看到，随着移动互联时代的到来，以及未来数字时代、智能时代的招手，原来的世界级巨头有的渐渐式微，有的一夜泯灭，都难以在市场上持久生存。

商战的主要特点是条件、背景、因素、环境等都是变化的，虽然都说战略是从未来看现在，企业家要有高瞻远瞩的眼光与见识，但是计划怎么赶得上变化？总能预见未来的商业天才多么可遇而不可求。

成功可复制是最好的商业模式

商战的成功，在企业内应可复制。

如复制到更多的条件、背景、环境类似的区域，如复制到同类系列的产品营销中等。

带来一场商战胜利的英雄虽可嘉奖，但不能止步，真正的商战英雄必须赢得一场场的胜利。

如华为手机从 P1 到 P30，如果不是一路凯歌前进，那么可能早已消失在手机这个行当里。要知道，华为最早开发自有品牌手机也是道路曲折、销量不佳、亏本、士气低迷、没有方向、被经销商嫌弃,高管不得不全体到一线站台等。消费者事业部 CEO 余承东在手机商战中如果不是拿下一场场战斗,在各种如"双十一"等商战中出奇招,拿出恰当的策略,那么是不可能使中国手机成为站上世界之林并引领行业的领袖的。

我们在企业的历炼中得到最多的训诫就是:你的成功是否能够复制?如果不能复制,那么可能是偶然或机遇,并不被企业认同;如果能复制,那么可能是找到了一些成功的方法、手段、工具等,这样的路径是企业一直探寻、鼓励与支持的。

所以,绝大部分企业会认为成功可复制是世界上最好的商业模式。

如何应对持久的商战?

英雄就是英雄,让人尊敬。在商战上,任正非提出不做昙花一现的英雄,是他独特的原创管理观点,具有非常大的现实意义。

在企业里会有一些取得些许成绩就居功自傲,甚至功高盖主的业绩英雄,但是商战可能比战争更长久,行业不可推测的竞争对手随时可卷土重来,也可能是撞上一个好机会,所以任何时候都不可麻痹大意。

我们都知道企业产品生命周期原理。一般来讲,产品都有生命周期,可是强大的企业都有延长产品生命周期和产品成长期、成熟期的手段、方法、策略。如可口可乐公司利用品牌、营销等手段,使百年前的产品依然鲜活。

手机行业的产品不断更新换代,如华为率先在手机上注入 AI 功能、率先同徕卡相机合作、在高铁场景上测试、提升信息功能等,就是不希望自己的产品、品牌昙花一现，几个月或几年后失去光彩甚至市场。

这些，都需要持久的商战能力与人才。

_ 企业应规避"个人英雄"

我们在给企业服务时，有些企业有这样的诉求：如何建立一定的体系来打破企业的个人英雄主义沉疴，或者将一些个人英雄的客户信息进行智取或有规则制度地收回，避免公司的命运掌握在极个别的个人英雄手里。

我曾经在跟某奶制品公司一些精英骨干交流时，他们提到一个"常务业务"的说法，即一些业务英雄升职后还将业务抓在自己手里，手下没有成长，企业增长停滞。还有一个500人的纯业务企业，业务掌握在不到10个人的手里，甚至有50人参与的板块业务只在一个人手里。这些企业的企业管理者非常困惑，但自己又难以撬动这些个人英雄的业务与客户。

_ 组织英雄主义机制建设

任正非曾说过：美国就是利用它的机制把全世界的人才拉到那里去，都在美国"生蛋"。

从这里可以看出任正非为什么不崇尚个人英雄主义，他从美国这个国家的发展得到了启发。

任正非还说过：要摆脱企业对个人的依赖，使要做的事从输入到输出，直接地端到端，简洁并控制有效地连通，尽可能地减少层级，使成本最低，效率最高。

从上面梳理下来可以看到，任正非通过历史借鉴、经验使然、内部发展需要、组织变革的要求、遵循以客户为中心的价值观等，已经明确了华为的组织英雄主义转变，并在机制建设上得到保证。

集体英雄主义使企业持续光彩耀人

为什么中国的企业平均经营时长不超过五年？

有些人认为，不少企业管理者擅长投机，搞短平快，看的是短期。我不这样认为，谁不希望自己的企业基业长青？主要还是没有形成将企业做长久的人才、能力、经营管理体系。

其实，如果实现了集体英雄主义，"每个人都放光彩"，集体主义会体现更大的组织能力，企业不只是瞬间光彩，也能持续光彩耀人。

或许，任正非的管理思想与华为的成功经验能给那些希望将企业做大、做强的企业家一些启示。

管理箴言

任正非说：不做昙花一现的英雄。

从一则通告看华为的自我批判

任正非说：为什么要强调自我批判？我们倡导自我批判，但不提倡相互批评，因为批评不好把握尺度。如果批评火药味很浓，就容易造成队伍之间的矛盾。而自己批判自己不会下猛力，对自己都会手下留情，即使用鸡毛掸子轻轻打一下，也比不打好。多打几年，你就会百炼成钢了。

华为，在自我批判中成长。

从一则通告中看华为自我批判

华为公司一则通报中显示，因"部分经营单位发生了经营质量事故和业务造假行为"，华为公司对主要责任领导做出问责。

具体通报如下：近年，部分经营单位发生了经营质量事故和业务造假行为，公司管理层对此负有领导不力的管理责任，经董事会常务委员会讨论决定，对公司主要责任领导做出问责，并通报公司全体员工。

- 任正非罚款 100 万元
- 郭平罚款 50 万元

- 徐直军罚款 50 万元
- 胡厚崑罚款 50 万元
- 李杰罚款 50 万元

据"公司深读"消息称,"业务造假"可能涉及海外一些代表处虚增订货经营数据,华为"已经将涉及数据造假的主要高级别领导降职、降薪、冻结晋升"。

就此华为内部工作人员表示,长期坚持自我批判是华为长期的价值观,每次针对的也不太一样,这次是针对虚假合同。在华为内部,这样的自我批判案例很多,都是在传承华为自我批判的价值观。

十年间华为的自我批判成长

以上是2018年1月17日发出的问责通报,就在当天下午5点,华为深圳总部还召开了"烧不死的鸟是凤凰"专题活动。在活动上,华为总裁任正非在"烧不死的鸟是凤凰,在自我批判中成长"专题仪式上发表题为《从泥坑中爬起来的是圣人》的讲话,而此篇讲话的标题跟10年前,即2008年9月2日在核心网产品线表彰大会上的讲话几乎一样,内容也都是围绕自我批判。

公众号"蓝血研究"分析,不同的是,10年前做自我批判是为了生存,是为了认真听清客户的需求,是为了用生命的微光点燃团队的士气,是为了打破局限和习性,是为了不掉入前进道路上遍布的泥坑陷阱中;而10年后做自我批判是为了创造一个伟大的时代,是为了成为一个伟大的"战士",是为了开动"航母",是为了践行人生的摩尔定律。

华为自我批判分析

很多人都好奇华为是如何自我批判的？其自我批判体系是如何构成的？华为是如何把危机意识转变为自我批判的？华为自我批判的意识及行为是如何形成的？华为是如何把自我批判制度化而不是仪式化的？华为是如何把自我批判变成组织机制的？华为又是如何管理自我批判的？华为是如何将自我修炼层面的自我批判转化为组织管理层面的？

自我批判不仅是任正非的个人行为，还是企业行为，并且"十年如一日"，毫无疑问，这已是华为这家公司的内在基因和特质，我们认为这是重要的管理思想。

我们对华为的自我批判体系做个简单的分析。

1. 自我批判的价值。

自我批判是华为由小到大以及超越对手的内在驱动力之一。

在"摸着石头过河"中探索，在自我批判中进步，在自我优化中成长，在"顶层设计"中卓越是华为成长、壮大的"四步曲"。

长期保持对公司的自我批判能够避免公司干部与员工的傲慢、狂妄、自大与自恋，持续地聆听客户的声音，正视公司存在的问题与不足。

自我批判是华为不断提升组织活力、保持组织熵减、耗散组织惰性的利器。

2. 自我批判的三个对象。

思想的自我批判：统一思想，协同目标，构建假设；

组织的自我批判：消除惰性，强化能力，提升效率；

行为的自我批判：协调行动，激发潜力，持续赋能。

3．自我批判的三个目标。

增强组织的活力：保持熵减，保持耗散，优化组织机体，持续管理进步；

构建"铁军"：高素质、高境界、高度团结、长期奋斗的群体；

干部与员工的成长：自我修炼、自我激励、自我约束。

正如任正非所说：我们胜利的两个基础，一是方向要大致正确，二是组织要充满活力。我们不一定能找得到正确的方向，只能不断探索，方向大致正确就行。但组织的活力我们是有信心建立起来的，这就是精神文明，组织活力就是精神文明！

4．自我批判的三个成果体现。

文本式的成果体现：如华为坚决抵制的十八项腐败行为，华为公司改进作风的八条要求，华为十六条军规，华为变革的七大反对；

制度性的成果显现：主要是在管理上的持续改进举措，如"五个一工程"；

活动性的成果显现：如集体宣誓，民主生活会，合理化建议。

华为自我批判来自任正非的价值主张

任正非曾对自我批判表示过自己的价值主张："没有自我批判，我们就不会认真听清客户的需求，不会密切关注并学习同行的优点，会以自我为中心，必将被快速多变、竞争激烈的市场环境所淘汰；

"没有自我批判，我们面对一次次的生存危机时就不能深刻自我反省，自我激励，用生命的微光点燃团队的士气，照亮前进的方向；

"没有自我批判，就会故步自封，不能虚心吸收外来的先进东西，就不能打破局限和习性，把自己提升到全球化大公司的管理境界；

"没有自我批判，我们就不能保持内敛、务实的文化作风，就会因为取得的一些成绩而忘乎所以，掉入前进道路上遍布的泥坑陷阱中；

"没有自我批判，就不能剔除组织、流程中的无效成分，无法建立起一个优质的管理体系，降低运作成本；

"没有自我批判，各级干部不讲真话，听不进批评意见，不学习、不进步，无法做出正确决策和切实执行。"

任正非：华为要以自我批判为中心

任正非说：只有长期坚持自我批判的人才有广阔的胸怀；只有长期坚持自我批判的公司才有光明的未来。自我批判让我们走到了今天，我们还能向前走多远取决于我们还能继续坚持自我批判多久。

任正非坚持的是"使用批判的武器，对自己、对今天、对明天批判，以及对批判的批判"。他坚信"自我批判是拯救公司最重要的行为""一定要把华为公司的优势去掉，去掉优势就是更具优势"。

2001年2月17日，在其名篇《华为的冬天》中，任正非对华为自我批判的目的做出了界定："自我批判是思想品德、素质、技能创新的优良工具。我们一定要推行以自我批判为中心的组织改造和优化活动。自我批判不是为批判而批判，也不是为全面否定而批判，而是为优化和建设而批判。总的目标是要提升公司整体核心竞争力。"

2017年1月11日，任正非在华为市场工作大会上的讲话中再次强调："高级干部内心强大的表现是经得起批评，真金不怕火炼。世界上肯定会有不同意见，我们一定要有战略自信，这个自信首先是不怕别人批评。"

对于华为的自我批判，我们已有认知，那么华为的自我批判如何变成企业自身的自我批判体系？如何把企业主的危机意识转变为自我批判？如何形成自己的自我批判的意识及行为？如何把自我批判变成企业的组织机制？这些问题需要企业结合自己的实际情况与发展目标进行自我思考与突破。

希望这些带给我们思考的同时，也能带来真正的自身应用价值。

管理箴言

任正非说：只有长期坚持自我批判的人才有广阔的胸怀；只有长期坚持自我批判的公司才有光明的未来。自我批判让我们走到了今天，我们还能向前走多远，取决于我们还能继续坚持自我批判多久。

追求整体取胜，不搞"田忌赛马"

"田忌赛马"出自《史记》卷六十五：《孙子·吴起列传第五》，是中国历史上有名的善用自己的长处去对付对手的短处，从而获胜的事例。齐国大将田忌与齐公子们赛马，马的整体足力与对方相差无几，但经调整部署，最终胜利。

任正非在一次讲话中指出："我们在科学家人才领域不搞'田忌赛马'，华为要靠自己的整体优势取胜，而非'田忌赛马'那样仅靠调整部署取得一两次胜利，华为必须持续取胜。因此，华为要加大前瞻性、战略性投入，要容得下世界级人才，建立起全面超越的专家队伍；把握先机，在理论构建能力、科学家数量、产品质量等诸多方面超过业界同行。只有这样，华为才能避免衰落，不断发展壮大，持续地活下去并且能活得很好。"

国内不少企业家推崇"田忌赛马"，为何任正非却这么不"感冒"？

"田忌赛马"不是长久之计

我曾经作为营销顾问到企业去进行营销咨询策划，发现竟然有好几个企业家在做企业经营策略时希望能用到"田忌赛马"，希望用弱实力产品打败强对手。

说白了，他们希望"以弱胜强"。

他们希望用小智慧来弥补实力不足的现实，以打胜仗。

当下不少企业家的思想中充盈着如"弯道超车""出奇制胜""追风口"等思维。企业最终成功少不了机遇、机智、巧合、巧技等因素，但如果这些成了企业经营追逐的一种普遍现象，那么就是一种悲哀了。

企业竞争力的核心是产品本身

某奶制品品牌失败的原因就是过度营销，而忽略了产品本身（**当然背后的企业价值观本身有问题**）。

同理，那些爆品营销取得了短期成功，之后就像流星，石沉大海了。爆品也难有持续发展。经过调研，当年一些曾经流行的品牌现在已经几乎绝迹了，而毫无疑问，这些品牌的产品几乎都是以爆品的形式产生的。

产品本身不过硬，即使营销再厉害，也只是匆匆过客。

所以，那些产品不过硬的企业想通过策略、方法来实现业绩是站不住脚的，更不可能实现基业长青。

真诚做产品，"丑小鸭变天鹅"

我曾经亲身经历华为产品开发的细致与贴地气。

2011年是华为在海南会议时决定要做手机终端自有品牌的年份，在这之前，华为手机主要由运营商定制。我当时给中国联通做项目进行市场调研，巧遇了华为手机的调查人员。

华为派出专人来收集路人对华为手机质量、外观的评价。说实话，我当时因为给中国联通做项目，看遍了中国乃至全球相当多的好手机，华为调查员当时拿出的手机样机到现在我都还有印象，体验只能让人吐槽：感觉重，像半块砖头一样；体积跟现在的手机差不多大，在当时功能机转小巧智能机时代，让人感觉是技术不到位所以不得不做得大；颜色、手感体验一般，虽然是智能机，不再是功能机，但是像当时流行的山寨机……看了这些，就无心再去体验其功能了。

可以说当时的华为手机就是"丑小鸭"，但是华为在短短的两三年内通过不断接地气地调研、开发，不断取得成就，从 Mate7 开始一路高歌猛进，现在反而成了高端机的代名词。

这些，都与华为在技术方面的"死磕"不无关系。我到现在仍记着当时调研员的眼神折射出的华为真诚做产品的姿态！

摒弃"田忌赛马"，产品决定市场

有些企业想用相对弱势的产品抢占区域市场。以下是我经手的两家此类企业。

一个是排中国前列的啤酒集团企业的区域工厂，有其区域品牌产品。当时啤酒业向全国化整合，一些全国性品牌在当地已经有了良好的落地与销售态势，该厂决策者就中了"田忌赛马"的"毒"，不调研市场、消费者，也不进行新产品的针对性开发，而是天天在办公室、会议室研究如何利用现有的几个产品进行"排兵布阵"，用自己的劣势产品去应对对方的强势产品，用自己的优势产品去迎战对方的中档产品……当然，竞争对手也在国内啤酒第一军团，不可能那么傻，将最优产品坚持优先满足消费者需求即可。最后，我们为这家企业制定策略，全力打造出了中等价格的最优产品，树立第一与唯一的品质、印象、体验、营销，成功破局，后续在各个时间段、价格段实现了产品升级，一边封锁价格一边打最优产品组合拳，实现了企业的良性发展。

另外一个是陶瓷建材企业，原来是全国性强势品牌，后来却慢慢式微了，外行领导希望利用企业的所谓"智慧"进行市场巧取，利用"田忌赛马"取得最优品类之外的一些市场而丢弃主力市场，最终没能成功，又不得不退回来进行深入反思，还是觉得应该将自己的最优阵地守住，将原来的优势品类产品的风格、花样和系列进行适应性创新，从而挽回了自己在原来品类中的领先之位。

这两者都坚守自己在某个价格带或品类的优势，进行"压强"式坚守与打击，攻克或守住最优市场，再"一根针捅破天"，深扎下去，掌握了对手不敢再来强攻的优势，从而取得优异成绩与持续发展。

让产品与技术说话

企业要想避免衰落，基业长青，"让产品与技术说话"是最好的方式。

可口可乐公司、宝洁公司的产品看似简单，但是其基本效用不变，在心理满足上的产品属性一直保持紧贴目标消费者进行升级或者满足。我们看到宝洁的产品开发与升级一直在应用可能的新技术，可口可乐的饮料则总是让你愉悦。

有人说华为的营销并无明显套路，都是过程摸索的结果。

还有的人说，吃着饭营销方案就出来了。

虽然华为可能最终是靠营销将产品卖出去，但是产品本身"会说话"为营销成功奠定了最坚实的基础。

"内部赛马"不同于"田忌赛马"

可以说，华为的人才战略已经不只是对一两个人才的需求，而是要有一个世界级人才"舰队"；华为的人才策略已经不只是培养一两个世界级人才，而是加大投入、加强招聘来成就全面超越的专家队伍；华为的人才开发不只是技能，而是理论构建、先机研究、产品研发水平均超过业界同行；华为的人才应用已经不是单打独斗的战争性成功，而是要实现一波一波持续的战役性胜利！

所以，华为不搞"田忌赛马"，"田忌赛马"只是一个短期竞争方案，而竞争需要能力的培养与强大。田忌的赛马机制中，培养不出一流好马，最终只剩下较优的马，整体竞争能力还是不行。对方损失了中等马，但最优马还在，机制还在，可培养出更多的最优马、较优马、中等马。

但是，并不否定把"内部赛马"机制作为一种培养手段，培养出企业更多的"优质马""较优马"。在内部将"赛马"当作一种机制培养"优质马"，在外部竞争时已经形成最大的"优质马"族群，来排山倒海般应战对手，这是可取的。"内部赛马"机制与外部"田忌赛马"竞争，二者不可混淆。

管理箴言

任正非说：我们在科学家人才领域不搞"田忌赛马"，华为要靠自己的整体优势取胜，而非"田忌赛马"那样仅靠调整部署取得一两次胜利，华为必须持续取胜。

企业要敢于"从零起飞"才能"飞得更高"

2008年,华为公司开过一次会,会议的主题是"从泥坑里爬起来的人就是圣人"。讲话最后,任正非提道:"再过二十年,我们再相会,业界必将对你们刮目相看,世界将会因你们而精彩。要切实地领悟和把握自我批判的武器,持续地学习,少发牢骚,少说怪话,多一些时间修炼和改进自己,加快融入时代的大潮流。怀抱着先辈世代繁荣的梦想,背负着民族振兴的希望,积极努力,诚实向上,我相信你们是大有可为的。希望寄托在你们身上!"

回想那时,华为许多年轻人现在已经是大有作为。这中间,华为公司有一个特别的奖项,是颁发给余承东的,值得特别记录。

"从零起飞奖"的前后始末

在2013年的华为市场大会的"优秀小国表彰会"环节,任正非给徐文伟、张平安、陈军、余承东、万飚颁发了一项特殊的表彰——"从零起飞奖"。一般来讲,表彰会有一些物质奖励,但这项奖的特别之处是:这些获奖的人员2012年年终奖金为"零"!

2012年获"从零起飞"奖的这几位高管,他们的团队虽经历奋勇拼搏,取得了一些工作的突破,但业绩目标的达成并不如人意。于是,这些团队的负责人践行当初"不达底线目标，团队负责人零奖金"的承诺。

任正非在为他们几位颁发"从零起飞奖"后发表了讲话，他说："我很兴奋给他们颁发了这个奖，因为他们5个人都是在做出重大贡献后自愿放弃年终奖的，他们的这种英雄行为和我们刚才获奖的那些人，再加上公司全体员工的努力，我们除了胜利还有什么路可走？"

需要提及的是，当时还有一个背景：华为公司2012年年度奖金总额比2011年提升了38%！在这种好的形势下，这些高层领导却还自愿放弃年终奖，去领取"从零起飞奖"，确实有着重要的激励意义！

不仅从零起飞，还有主动申请降薪！

由于2002年业绩出现下滑，没有完成销售目标，以任正非牵头的总监级以上共454位高层干部于2003年主动申请降薪10%，经高层领导开会讨论并审核，人力资源部批复了其中363人的申请。

其实《华为基本法》中早有相关内容的表达："公司在经济不景气时期以及事业成长暂时受挫阶段，会根据事业发展需要启动自动降薪制度，以避免过度裁员与人才流失，确保公司渡过难关。"

机制约束"高薪不作为"

华为在1990年就推出了内部员工持股计划，在1997年进行了股权改造，实行员工持股分红机制。可以说，员工只要肯奋斗，收入是非常可观的。

华为年薪百万的员工超过万人，年入500万的超过千人！2016

年华为支付员工工资费用941.79亿元，人均523216元，加上净利润分红379亿元，每人大概分红得210555元。

这么高的工资加上奖金与分红，一些资深员工即使不工作也能拿到非常丰厚的收入，只要不犯事、不出错，完全可以不做贡献就取得收益。这种情况，怎么办？

所以，只能用机制来让人"归零"！

2019年华为在面临的国际形势下，任正非曾多次直面华为存在的一些问题。如华为已经出现涣散之态，通过内部已经较难一步到位地解决发展中的人员懈怠问题！

一个20万人的企业发展了30多年，英才辈出，肯定有不少"功臣"，这种历史累积的问题，需要用机制来处理。

大企业，要熵减

为什么华为一再提熵减？就是因为回到零点更能轻装上阵！

随着企业的发展，企业、个人都存在需要熵减的可能。

"从零起飞"就是与熵减一脉相承。

2018年华为公司第051号电邮《熵减——我们的活力之源》由任正非签发，其中提到了华为公司如何解决"熵增"的问题。

以下是文章节选："我们组织的责任就是逆自发演变规律而行动的，以利益的分配为驱动力，反对惰怠的生成。民意、网络表达多数带有自发性，我们组织不能随波逐流。组织的无作为就会形成'熵死'。"

这里有非常重要的一句话："以利益的分配为驱动力，杜绝组织的无作为。"无论是《华为基本法》约定的自动降薪制度，还是高管罚款以及"从零起飞奖"，都是从利益上约束，从而实现组织的更大作为！

企业需要组织能力

员工不一定业绩达标才是英雄，有些发展阶段，有重大贡献的员工也是英雄或者模范。

华为提出"班长的战争"，就是因为市场可能变化了。

不同的市场阶段员工会有不同的重大贡献。

华为最终还是要提升组织能力。任正非说：组织能力就是如何系统地主动建设相应的业务能力，并通过组织、流程、人才、决策机制等来集成和固化个人能力……能力不足不用担心，关键是早参与，在"战争"中学会"打仗"，金一南将军说过，军事教育的本质是战争教育。

也就是说，华为需在"战争"中学会"打仗"，需进行"战争教育"，在各种奖惩中得到改进。

零起飞，零负担

其实，"零起飞"的下一步可能就是最大进步奖、最终成就奖。

零起飞，零负担，可能飞得最高，得到最大进步。

余承东在获得"零起飞奖"后，后来居上，厚积薄发，厉兵秣马，终于将消费者业务做得风生水起，攀上全球出货量巅峰，在2019年的全球恶劣形势下将华为其他一些业务下降的业绩进行了填补，成了真正的英雄。在极端的外部环境与压力下，2019年消费者业务保持高速增长且超额完成了年初制订的经营目标！华为智能手机全年发货量超2.4亿台，稳居全球第二！没有外部施压，华为可能很快走到世界第一！

不管"从零起飞奖"对余承东最终效果如何，但从零起飞，最终实现无可争议的第一，确实是在余承东身上发生的传奇。

_ 放下面子，从零起飞

在中国，企业的"面子观"掩盖了不少进步的可能。我们看到那些内部问题堆积如山的企业，外表仍然光鲜，企业管理者仍在频频亮相，谈笑风生，打造个人形象，却置企业、客户、用户于不顾，最终害了多少员工、客户、市场！

可口可乐公司说，业绩一好，很多问题都被掩盖了。

现在的华为用"从零起飞奖"来激励，多了一些好的本土管理手段。撕开面子，亮出里子，一切以客户为中心，多角度改善自己，自然赢得客户尊敬、市场回报、整体信任。

_ 企业要敢于从零奋斗

任正非曾说：华为想持续发展就得新生。

他在某次内部讲话时说："我们的组织、结构、人才……所有一切都要变化。如果不变化，肯定不行。如果我们抛弃这代人，重新找一代人，这是断层，历史证明不可能成功，只有把有经验的人"改造"成新人，通过变化赋予新能量，承前启后，传帮带，才能使新的东西成长起来。"

所以，没有基业长青，只有一段时间的发展后重新归零，"从零起飞"才能获得新生，不断地突破企业成长固有的曲线，始终走在发展的道路上！

管理箴言

《华为基本法》中提道：公司在经济不景气时期以及事业成长暂时受挫阶段，会根据事业发展需要启动自动降薪制度，以避免过度裁员与人才流失，确保公司渡过难关。

板凳要坐十年冷，潜心静气练真功

《华为人报》在1996年发表过一篇题为《板凳要坐十年冷》的文章，核心意思是主张科学是老老实实的学问，华为人要有坚定不移的工作目标，工作要有跟随社会进步与市场需求的灵活、机动的战略和战术。

另外，任正非不断警醒华为人：面对高科技领域一个重要挑战就是大家要屏得住气，沉得下心，有理论基础的创新才可能做成大产业。"板凳要坐十年冷"，高科技领域的基础理论研究的"板凳"可能要坐更长时间。高科技领域的研究，人比设备更重要。

"板凳要坐十年冷"的由来

南京大学韩儒林教授曾经写过这样一副对联："板凳要坐十年冷，文章不写半句空。"

"板凳要坐十年冷"的意思是要沉下心来，专心致志做学问，不羡慕荣誉，淡泊名利，坚持自己的研究方向，不怕得不到重视。

任正非说：在"冷板凳"上坐的都是一代英豪。科学是老老实实的学问，要有思想上艰苦奋斗的工作作风，要有坚定不移的精益工作目标，要有跟随社会进步与市场需求的灵活、机动的战略和战术。做实不是没有目标、没有跟踪、没有创新，但没有做实就什么也没有。点滴奋斗与持之以恒地努力，踏踏实实地在本职岗位上不断地进取，太阳已经在地平线下升起。当然，也希望公司能尽早识别出那些在"板凳"上坐了多年，有奋斗精神、有贡献、有热情的默默无闻的优秀员工，不要让"雷锋"们等得太久。

"板凳甘坐十年冷"值得更多尊重和褒奖

2020年1月10日，国务院总理李克强在国家科学技术奖励大会上讲话，曾提道：让"板凳甘坐十年冷"获更多褒奖。

他讲道：要加大财政稳定支持力度，引导企业等社会力量增加收入，完善与基础研究、应用基础研究特点相适应的经费保障、成果评价和人才激励机制，支持科研人员心无旁骛、潜心钻研，创造更多"从0到1"的原创成果，让"板凳甘坐十年冷"的专注得到更多尊重和褒奖。探索未知的征程不会一片坦途，要尊重规律、宽容失败，鼓励科研人员自由驰骋、大胆尝试。

面对"风口"不盲目冲动

2014年，互联网思维的浪潮袭来，尤其是基于移动互联网的产业发展如火如荼，然而任正非并不盲目追风口，依旧保持着自己应有的冷静。

任正非看得清楚，也始终坚持华为应该走自己的路。他曾对员工说：别让互联网的火热引起你们"发烧"。

任正非说：别互联网冲动。有互联网冲动的员工应该踏踏实实地用互联网的方式优化内部供应交易的电子化，提高效率，及时、准确地运行。

任正非曾在公司内部强调：我们公司不要炒作互联网精神，应踏踏实实地夯实基础平台，让端到端的实施过程透明化。比如从供应链到代表处仓库可能短时期内可以实现全流程贯通；但从代表处仓库到站点还存在问题，那就努力去改变。

移动互联网到现在已经发展六七年，华为没去拥抱"风口"，始终只对着一个"管道战略"，反而在5G等前沿领域取得全球优势，走在了那些追逐"风口"的企业前面。这正是"以正合，以奇胜"的最突出体现。

这其实就是华为"坚持走自己的路""不冲动不发烧""夯实基础"，坚持"端到端"的流程动作的结果，是坚持"板凳要坐十年冷"的现实体现。

"坐板凳"就是本职工作

在专业领域有个"一万小时定律"的说法。

"一万小时定律"是作家格拉德威尔在《异类》一书中提出的，现在被专业人士广为引用。"人们眼中的天才之所以卓越非凡，并非天资超人一等，而是付出了持续不断的努力。一万小时的锤炼是任何人从平凡变成世界级大师的必要条件。"他将此内容称为"一万小时定律"。要成为某个领域的专家内行如需要一万小时，按一个人每天工作八个小时，一周工作五天来计算，成为一个领域的专家至少需要五年。

任正非在2019年的讲话中对"板凳""本职工作"做出表达。2019年8月19日，华为对外公开了任正非在运营商BG（业务组）变革研讨会上的讲话，任正非称此次改革的目的是为了简化"作战管理"，简化层次。讲话的最后一句点睛之笔是：绝大多数员工应心静如水，做好本职工作就是参战。

甘坐板凳，一举成名

华为在2019年推出了"B计划"，而这个"B计划"也许是华为在2003年卖给摩托罗拉时意外失败而开始启动的。2019年"B计划"推出，国民沸腾，它坚忍了十年，坐了十年冷板凳！这个计划花费达几千亿，可能会有千万个理由中途放弃，但华为坚持了下来，一举成名天下知！

来看任正非接受采访的一段话。

记者问："华为成长过程中，正逢中国房地产爆发，您是否动摇过？"

任正非说："没有。没炒过股票，没做过房地产这些东西。"

记者问："没有诱惑么？"

任正非说："没有。那时，公司楼下有个交易所，买股票的人里三层、外三层包围着。我们楼上则平静得像水一样，都在干活。我们就是专注做一件事情，攻击'城墙口'。"

记者问："是怎样形成这样一种文化的？"

任正非说："傻，要总结的话就是傻，不把钱看成中心。中心是理想，理想就是要坚守'上甘岭'。钱不是最重要的。"

这里的傻，就等于"板凳要坐十年冷"。

不是吗？

华为手机的"十年冷板凳"

以华为手机为例,曾经的华为手机只是运营商装宽带的赠品!

2002年,前华为手机公司筹划组负责人之一张利华提出要做手机,任正非马上否决掉了。

后来华为做手机了,但在一开始只是买宽带的赠品,人们对华为这个牌子既不熟悉又没有好感。

华为在2004年成立海思半导体做手机芯片,大家也是冷嘲热讽,之后华为在2009年推出K3V1,也是狠狠地被"打了脸",性能太差,没法商用,连华为自己都不用,于是又继续"回炉"重做。

到2012年余承东负责手机部门时,大家依然不看好。

华为之后做出的P1、D1、D2确实也让人比较失望,被销量狠狠地"打了脸"。

华为后来用了几年努力把品牌高度提升到了苹果、三星这一档。

华为在2012年6月18日发布了一款真正意义上属于自己的高端机型P1。

但P1除了薄之外,没有什么过人之处,最终销量并不好。后来华为在P2上采用了自主研发的海思K3V2芯片,由于芯片兼容性弱以及散热量大,经常导致手机卡死、闪退。

更可怕的是,K3V2芯片一直用在华为的高端机型中,直到麒麟CPU出现。

2014年,华为当时的产品线是混乱的,华为自己也不知道哪条线可以发展起来。

9月4日,华为在柏林发布了Mate7。这款手机配备了一款6英寸的大屏幕,它比当时主打商务的三星Note4还要大。此机发布后科技圈纷纷不看好:粗大的黑边,大机身,还有见仁见智的外观。可市场证明，科技圈才是人群中的少数派，Mate7 大火。

我们可以看到华为的手机基本也是十年的"冷板凳式"坚持，才成就了当今的世界领先地位。从最早的提议开始，华为手机差不多已经走过了十八年的历程！

▂ 品牌建设，更需"冷板凳"的坚持

一个品牌需要十年甚至更久的积累，十年基本就能建立品牌信任。

做生意可以炒短线，但做企业，做基业长青的标杆企业真的需要一点一点积累。

品牌是一种信任，信任是需要慢慢积累的，建立信任后，消费者甚至不容你去改变，可口可乐公司就是一个最突出的例子。

可口可乐品牌诞生于 1886 年，可口可乐公司于 1985 年百年大庆之际，准备进行"新可乐"的革新，经过大量的时间准备，以及周密的消费者调研，推出了口味更好的可乐，可是推出之后，却几乎遭到了所有美国消费者的反对。

虽然口味更好了，调研问卷表示消费者也更接受新口味，但是为什么推出后消费者却投出了反对票呢？后来分析，这源于消费者认为新的可口可乐饮料口味改善了，品牌却背离了，原来的"老可乐"背后蕴含着美国文化，而新可乐却迷失了。在可口可乐公司百年品牌建设中，其蕴含的情感、文化、社会发展因素经百年积累，却好像随着新可乐的替换一并消失了！

从另外一个角度来看新可乐，原品牌内涵如果没有承袭，可以说新品牌建设是从零开始，没有十年、五十年甚至百年的积累，消费者是不接受的。"新可乐"品牌建设也是"板凳要坐十年冷"的！

创新与坚持并不矛盾

华为不只"坐冷板凳",固守陈规,还创新迭出,其 5G 基站设备已世界领先,且有着 2780 项专利!创新与坚持,并不矛盾。

当然,华为的创新有着更为广远的意义。华为宣布进入"创新 2.0 时代"。在以"构建万物互联的智能世界"为主题的第十六届华为全球分析师大会上,华为董事、战略研究院院长徐文伟宣布,华为迈向基于愿景驱动的理论突破和基础技术发明的"创新 2.0 时代"。

"创新 2.0"是基于对未来智能社会的假设和愿景,打破制约 ICT(信息与通信技术)发展的理论和基础技术瓶颈,是实现理论突破和基础技术发明的创新,也是实现发明和创造的创新。也就是说,华为的创新是对未来的创新。

当然,从 1.0 到 2.0 乃至 N.0,又不知华为要坐多少年的"冷板凳",但我们相信,将来华为会带着开发成果来影响世界!

华为支持融合创新

在 2015 年变革战略预备队第三期誓师典礼上,任正非说过如下一段话。

"现在我们是用两个'轮子'在创新。一是科学家的创新,他们关注技术,愿意怎么想就怎么想,但是不能左右应用。技术是否要投入使用以及什么时候投入使用,我们要靠另一个'轮子'——市场营销。我们通过市场营销不断地倾听客户的声音,包括今天的需求、明天的需求、未来战略的需求,然后才能确定我们掌握的技术该怎么用,以及投入市场的准确时间。"

结合任正非其他的关于创新的观点来看,如不太支持"自主创新",

如排斥"小革新"，鼓励统一的、满足需求的产品开发等，华为的创新是支持与鼓励"融合"的，这样的创新不是孤立式创新，这样的坚持不是孤立的"坐冷板凳"，而是有智慧地发展。

以长期价值主义穿越经济周期

作为《华为基本法》的撰写组组长，中国人民大学教授、博导，华夏基石管理咨询集团董事长彭剑锋在2020年年初给企业家寄语中写道："（企业与企业家）摒弃投机与机会主义，以长期价值主义穿越经济周期是中国企业与企业家走进2020，面向未来，实现持续增长的不二选择。所谓长期价值主义就是确立宏大而长远的目标追求，长时间为之奋斗，心无旁骛，以足够的耐心和定力长期坚持做好心中认定的大事或事业。长期价值主义是我们这个时代最稀缺、最宝贵的思维方式，也是企业最重要的资产。"

2021年，任正非在金牌员工代表座谈会上又提道："我认为，人生应该是一步一步踏踏实实前进的，不要好高骛远，别给自己设定过高的目标，可能努力也达不到，一生都会失败。"

或许，长期就是我们企业要实现下一步可持续发展必须的坚持。

---------- **管理箴言** ----------

任正非说：别互联网冲动。有互联网冲动的员工应该踏踏实实地用互联网的方式优化内部供应交易的电子化，提高效率，及时、准确地运行。

华为没有成功，只有成长

企业长寿的秘密是：长期价值主义对冲。

全球企业巨头基业长青的秘密

从我对全球企业巨头的了解来看，他们基业长青的秘密是延长产品生命周期！

可口可乐、宝洁等公司的核心产品都是一百多年前开发的，可是我们并不觉得这些产品老化了。像可口可乐公司始终站在主流消费者这边，用品牌内涵促进品牌的年轻化，产品还是那个产品，但并没老去。在中国，可口可乐公司最早用一些当时的明星做广告模特，现在用当今时代的明星，一点也不违和。前几年可口可乐公司风靡一时的"歌词瓶"用的都是当时最流行的语言，征服了时尚青少年的心。

产品周期分为初始期、成长期、成熟期和衰退期。一般企业经过成长期短暂的发展即可能进入成熟期甚至衰退期，而巨头企业却能延长成长期，尽量缓慢地进入成熟期，甚至不进入成熟期，又重新回到成长期。

普通企业的产品生命周期曲线如下图。

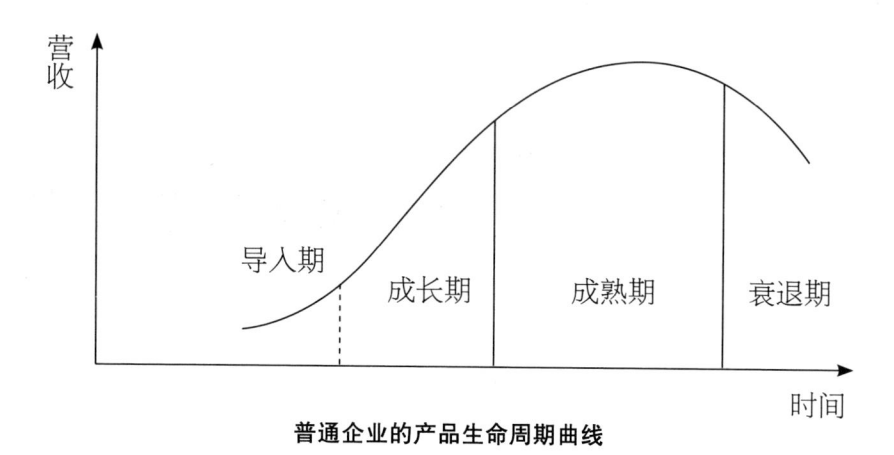

```
           营
           收
                         ┌─────┬─────┬─────┐
                         │导入期│成长期│成熟期│衰退期│
                         └─────┴─────┴─────┘
                                                    时间
                    普通企业的产品生命周期曲线
```

基业长青企业的产品生命周期曲线如下图。

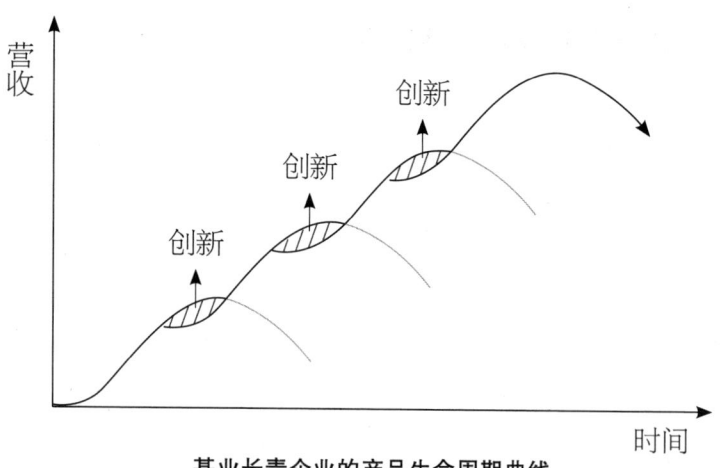

```
           营
           收
                              创新
                       创新
                创新
                                                    时间
                  基业长青企业的产品生命周期曲线
```

每个企业都能有第二曲线吗？

以多年企业运营经验来看，我并不主张企业学习或追逐所谓的第二曲线。

每个企业有每个企业的基因，可口可乐公司为什么永不进入酒精饮料业？除了一个卖软饮料的企业，酒精饮料不一定卖得好外，企业定位的变异还将使消费者的认知产生混乱与偏移。一个企业的资源是有限的，只能投入到有限的产品或品类中。

虽然百事可乐公司除了软饮料之外还涉及食品、鞋服甚至快餐食品等行业，且有不俗的营业额，但是其品牌影响力、行业地位、消费者认知一直不如可口可乐公司。虽然百事可乐公司可能在所谓的第二曲线、第三曲线、第四曲线上发力，但是物理性的业绩积累与并购性业绩增加并不能增加其竞争力、影响力。

一些企业可通过第一产品实现第一曲线的持续。如果第一曲线都没发展好，就想着第二曲线的发展，那么危险度还是很高的。

第一曲线是可通过企业持续的经营能力而不衰落的。

从消费者的角度可能永远只记得你的第一产品、第一品类。前几年，国内房地产业某巨头进军食品饮料业，每年投入的市场费用都以亿计算，现在已经作为一个失败案例在业内广受讨论了！

垂直市场成就企业成长

据日本东京商工研究机构的调查数据显示，截至 2016 年，全日本超过 100 年历史的老店铺和企业竟达 33069 家，比 2012 年增加了 5628 家。日本千年以上的企业有 7 家，最老的企业是建筑行业的"金刚组"，距今已有一千四百多年的历史。

"隐形冠军之父"赫尔曼·西蒙教授过去 20 年收集了全世界 2734 家隐形冠军企业的数据，其中德国 1307 家，美国 366 家，日本 220 家，中国 68 家。德国的隐形冠军占据了各个行业。

而最重要的是，隐形冠军企业的产品都不太多，虽然一家企业可能只生产螺丝钉、齿轮，但是能将产品销售给全球的渠道商、客户。

其实，只要抓住了消费者的需求，即使需求有所调整，企业仍可通过对消费者进行更精准、精细的洞察，以提供产品的适应更新，这种更新并不是品类的调整与转换，而是消费者在生理需求之外的情感、文化、个性、社会需求上的调整。这种调整不是快速地完全否定过去，总会有一个渐进的过程。

这里要非常注意，新奇、个性的需求是需求的一个层面，但是比重不大。甲壳虫汽车个性十足，2019年却撑不住，停产了。原来的动感地带手机号火得一塌糊涂，再也找不见了。二十多年前的喇叭裤，现在也不见有多少人穿了。

只有功能、情感、文化等需求才是永恒的需求，只有坚持，才能了解、满足消费者的需求，持续获得成功。

客户需求是企业发展的基点

只要客户需求还在，企业就一直在成长。

消费者需求是考虑企业发展的基点。

大家喜欢用马斯洛的需求论来说明一个社会的需求有高、低层次之分，其实它不只是一个社会的需求论，也可作为企业产品需求分析的参照：首先，需求是分层次的，这些多层次的需求也可同时存在于一个消费者的心中。所以，企业产品开发时，要注意、考虑同时满足多层次需求；其次，虽然多层次需求在消费者心中同时存在，但是不同情况下各种需求的比例不一样，要去了解并分析当时的消费者，如纯净水在一定的历史阶段只解决生理需求，但在与客户交流时，这一杯水就带有更多的社交属性；最后，要考虑到市场实际情况，越高层次的需求就越考验企业产品在情感、文化等方面的满足能力。

需求论还说明，即使是原来的消费者，你原来的产品也只是满足了他们的一部分需求，只要你有开发能力，他们就有很多其他层次的

需求，值得你在同一产品上继续努力，或者开发出产品系列，来满足他们！

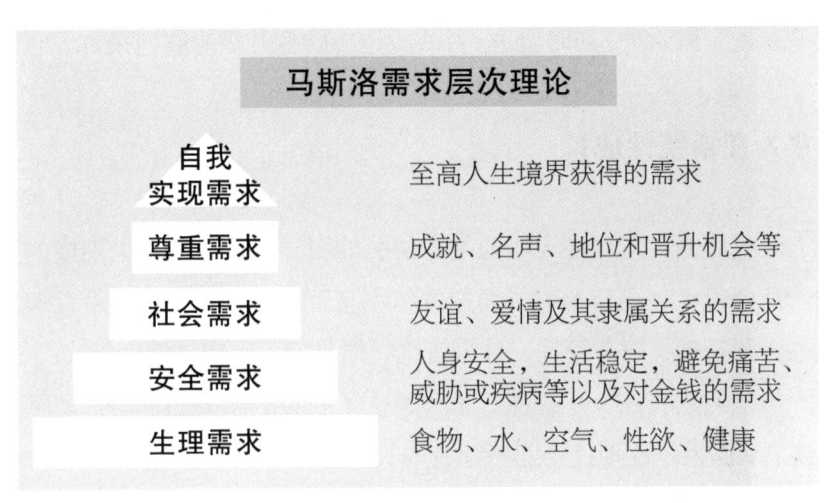

马斯洛需求层次理论

自我实现需求	至高人生境界获得的需求
尊重需求	成就、名声、地位和晋升机会等
社会需求	友谊、爱情及其隶属关系的需求
安全需求	人身安全，生活稳定，避免痛苦、威胁或疾病等以及对金钱的需求
生理需求	食物、水、空气、性欲、健康

马斯洛需求层次理论

产品可主动延缓衰退期，企业如是

对产品而言，企业要有延长产品生命周期的能力，这需要产品打造与建设的专业能力。

企业如是，只是企业因为牵涉到人，可能更复杂，更难掌控与提升。

战略失误、渠道建设差、没有企业文化、品牌弱、竞争力差、人力资源体系不完善等都是企业发展的"雷"。

只要产品能适时性调整以满足消费者的需求，企业就可走在竞争对手的前面，继续前行、成长与成功。

有些产品确实有一定的时代性，这些产品被时代放弃，企业就无法发展吗？IBM 公司其实就是一个华丽转身的案例。IBM 认为个人电脑将来会走向衰败，消费者可能需要更多的服务，于是果断将个人电脑板块卖掉，定位转为企业服务公司。IBM是个人电脑的始祖，即便抛弃掉了自己的基因，转型也成功了。企业能始终成长，其实最重要的就是洞察时势，与时俱进，并有改进与转型升级的能力来实现它！

华为在系统性成长

任正非说：华为在《华为基本法》的引导下，进行了大规模的基础管理建设，并逐步形成了稳定的组织与管理模式，包括研发管理、人力资源管理、财务管理、计划管理、质量管理、审计管理等。

华为的成长在于系统性。华为建立了武装到牙齿的各类管理平台系统，从而系统性地让企业持续有成长的力量以及更多成功的可能性。

这也代表，成长非一日之功，建立一套系统，十年也不算长。

任正非也曾经说过：要建立一系列以客户为中心和以生存为底线的管理体系。

坚持常识，有危机意识，这就是华为冷静成熟的企业成长思维。

管理箴言

任正非说：华为在《华为基本法》的引导下，进行了大规模的基础管理建设，并逐步形成了稳定的组织与管理模式，包括研发管理、人力资源管理、财务管理、计划管理、质量管理、审计管理等。

华为——无边界的学习型组织

任正非唯一的爱好就是读书,他自称是"宅男",没有什么业余爱好,平时不吸烟、不喝酒、不去娱乐场所,最痴迷的就是读书。

几十年来,任正非孜孜不倦地阅读,出差时必带的物品就是书籍,基本上一个礼拜要读一两本书,每天看几本杂志。

从"学习"到"血洗"

任正非爱看书,每当他看到好书、好文章和好电视剧时,都积极地推荐给公司高管。这不仅熏陶了公司的文化氛围,还日渐将华为的事业推升到哲学与历史的高度,使华为公司逐渐成了突出的学习型企业。

《华为基本法》撰写组组长彭剑锋教授曾经用一个词评价过爱学习的任正非:血洗。他提到任正非跟咨询顾问交流沟通时不只是"学习",简直就是"血洗"!他总能很快掌握你的角度和思想,并且马上比你阐述得更为深刻。

不只是任正非"血洗",他也将优秀的思想内容最大限度地传送给高管们。任正非曾向华为高管们推荐了十多本书,包括《隆美尔战时文件》《CEO 的海军陆战队》《战时日记》《国际商法》《闪击英雄》《失去的胜利》《超限战》《落难英雄丁盛将军回忆录》《华为之熵，光明之矢》等，并亲自写推荐语。任正非还请一些外部专家到企业研讨，如任正非喜欢电视剧《大秦帝国》，就曾专门把原小说作者孙皓晖请到深圳，给华为高管做了一场题为《大秦帝国对现代企业的历史启示》的重磅讲座，为高管们创造学习条件，为企业成为学习型组织身体力行且大力推进。

任正非的办公室虽然简陋和杂乱，但是书柜里的每一本书都是阅读过的，有的书甚至反复阅读。他看书时还喜欢做批注，写读书心得，并与华为人分享。所以，任正非的分享语录也成了华为公司的一笔巨大财富。由《华为基本法》撰写者之一的黄卫伟教授主编的华为高管培训教材《价值为纲》《以客户为中心》《以奋斗者为本》中大量引用任正非的语录，也成了华为学习型组织的内容支持。

华为无边界的学习型组织

在制定《华为基本法》期间，华为公司有一份华为人都知道的内部刊物，叫作《管理优化报》。

这份内刊在 1998 年 1 月 15 日的首页标题很有意思：《华为基本法》草案第七讨论稿。

除此草案之外，内刊的右上角还有一个《学习通知》，这是华为总裁办在 1998 年 1 月 9 日发布的，要求华为全体员工要利用春节休假期间认真读一读这个《华为基本法》的讨论稿，二级部门副经理以上的干部还必须写 300~500 字的批评、修正或学习心得。有意思的是，《学习通知》还特别注明"超过 500 字要扣分"。

那时，华为的干部每个周日都要牺牲休息时间到公司学习、讨论《华为基本法》。

1996年12月26日，《华为基本法》第四讨论稿刊登在了当日出版的第45期《华为人》报上，任正非要求所有干部和职工带回去读给家人听，回到公司后提出自己的意见和建议。1997年春节，任正非为每一个华为人布置了寒假作业：认真学习《华为基本法》的同时过好春节。

从这可以看到，任正非将学习型组织建立在了企业之外、上班之时，呈现出了无边界的状态！

华为完善的学习、培训体系

"人力资本增值的目标优先于财务资本增值的目标"明确写进了《华为基本法》，这也成为华为培训人才的宗旨和目标。任正非说：在华为，人力资本的增长要大于财务资本的增长。追求人才更优于追求资本，有了人才就能创造价值，就能带动资本的迅速增长。

华为强调人力资本不断增值的目标优先于财务资本增值的目标，但人力资本增值靠的不是炒作，而是有组织的学习，而让人力资本增值的一条途径就是培训。

任正非对于培训有一个精辟的见解：技术培训主要靠自己努力，而不是天天听别人讲课。其实每个岗位每天都在接受培训，培训无处不在、无时不有。成功者都靠自己努力学习成为有效的学习者，而不是被动的灌输者，要不断刻苦学习来提高自己的水平。可见，华为培训的本质或许并不单单是让员工具有某种技能，而是培养他们具备自我学习的能力。

华为旨在把自己打造成一个学习型组织，除了上面提到的任正非爱学习、爱分享的影响外，华为公司还建立了一套完善的以华为大学为主体的培训体系。华为大学的工作直接向任正非汇报，代表着任正非亲自抓培训，华为公司学习的主体是全体员工。华为大学聚集了一流教师队伍、一流教学设备和一流培训环境，拥有千余名专职、兼职教师和能同时容纳 3000 名学员的培训基地，是华为学习型组织的重要载体。

华为的培训对象范围很广，不仅包括本公司的员工，还包括客户方的技术维护、安装人员等；不仅在国内进行，还在海外基地开展。同时还建立了网络培训学院。

学习的特别动力

在华为，学习型组织从新员工开始抓起。

如何才能让新员工主动学习以提高自己呢？华为采取的办法是全面推行任职资格制度，并进行严格的考核，从而形成对新员工培训的有效激励机制。

如华为的软件工程师可以从一级做到九级，九级的待遇相当于副总裁的级别。关于新员工进来后如何向更高级别发展或怎么知道个人的差距，华为有明确的规定。比如一级标准是写万行代码或做过什么类型的产品等，有明确的量化标准，新员工可以根据这个标准进行自检。

任职资格制度的实施，较好地发挥了四个方面的作用：一是镜子的作用，照出自己的问题；二是尺子的作用，量出与标准的差距；三是梯子的作用，知道自己该往什么方向发展和努力；四是驾照的作用，有新的资质了，便可以应聘相应职位。

除任职资格制度外，华为还通过严格的绩效考核，运用薪酬分配的重要手段来实现员工持续进步。在华为，即使考核结果仅仅差一个档次，收入差别也可能是十万到二十万甚至更多，所以这种金钱上的"强刺激"使华为员工不断学习、不断进步、不断超越。

_ 华为的全方位"导师制"

华为公司是国内较早实行"导师制"的企业，也是贯彻到位的企业，这种方式影响深远。我曾经在多个企业中见到过，因为企业中有来自华为的高管，从而实施了"导师制"，带动各级员工不断成长。

华为公司确定导师必须符合两个条件：一是绩效必须好，二是充分认可华为文化，这样的人才有资格当导师，同时规定导师最多只能带两名新员工，目的是确保成效。

华为规定，导师除了对新员工进行工作上的指导、岗位知识的传授外，还要在生活上给予新员工全方位的指导和帮助，包括帮助解决外地员工的吃住安排，化解情感方面的问题等。

任正非是"人性大师"，他不只关注员工的工作，同样关注员工的生活、情感。任正非还提出过建立"不打领带的关系"……这些其实都呈现出，华为的学习型组织不只是一个只关注技能、业绩的非人性机制，而是华为优良企业文化形成的重要沃土。

_ 学习型组织成就战斗力组织

华为公司原副总裁费敏曾说，留下的人比离开的人发展得更好，出去的人总是想回来。如果你的公司能像华为一样成为人才最好的平台和跑道，又何愁打造不出一个充满战斗力的学习型组织呢？

创立于1987年的华为公司历经三十多年的成长，从籍籍无名成长为行业领头羊。目前，华为公司掌握的技术专利数量已在行业内处于领先地位，这显然是组织学习与创新学习的结果。可以说，正是学习型组织的构建使华为公司成长为有竞争实力的世界级公司。

管理箴言

华为的培训对象范围很广，不仅包括本公司的员工，还包括客户方的技术维护、安装人员等；不仅在国内进行，在海外基地开展，同时华为还建立了网络培训学院。

Chapter 3

第三章

真华为"铁军"制造营:
善打硬仗、能打胜仗

稳定企业管理各个系统的华为"铁三角"

在自然界中，三角是最稳定的，企业管理的三角形布局或结构，或许也就代表了系统性管理的最优状态。

企业管理的"铁三角"

有同仁对企业管理的各方面进行了分析，用如下"铁三角"来概括企业管理各个部分的重点要素，虽不一定完全精准，但也对企业管理的重要内容进行了高度提炼。

（1）企业持续经营"铁三角"：企业文化、战略规划、创新机制。

（2）企业运营管理"铁三角"：人才、财务、产品。

（3）企业人力资源管理"铁三角"：选对才、安稳心、分好财。

（4）企业财务管理"铁三角"：现金、成本、预算。

（5）企业销售管理"铁三角"：人员、客户、品牌。

（6）企业营销"铁三角"：产品、价格、渠道。

（7）企业品质管理"铁三角"：标准、设计、监管。

（8）企业行政管理"铁三角"：制度、设计、监管。

（9）员工满意度"铁三角"：薪酬福利、企业文化、发展规划。

在2019年，任正非又提道：要加强开票与回款的"铁三角"建设，销售融资、回款经理向前要与合同负责人"手拉手"，向后要与交付负责人"手拉手"，这就是一个稳定的三角形。

在这些"铁三角"里面，构成了企业管理最稳定的各个系统。一是企业的管理，都是能够结构化的，二是企业管理各个职能、各个功能并不是孤立的，而是与其他相关因素互为影响，互相促进的。

华为"铁三角"的由来

在2004年的时候，由华为的苏丹代表处在苏丹电信项目里面首次提出了"铁三角"的说法，其初衷是解决组织当中各自为战的局面，在客户方统一界面和工作接口，形成一个组织职能合作的项目团队。

最开始，这个项目团队是由客户经理来牵头，其他团队成员配合客户经理的工作；在后续的"铁三角"组织建设过程当中，华为也借鉴了一些业界先进公司的经验，比如爱立信等，逐步升级与完善。

在2007年的时候，"铁三角"运作方式已经基本成熟。"铁三角"运作模式成熟以后，开始在全球推广。

"铁三角"的"角色认知"和价值

刚开始的时候，大家对于"铁三角"的认知很粗放。我们管理咨询最先进行的是针对三个角色的角色认知，明确了各角色的核心价值以及它的能力模型。

角色的认知与定位帮助人力资源完成了各专业角色任职资格的体系建设。

"铁三角"的三个角是项目实现的三个互补的角色，同时实现也是销售项目从开始到完结中所需要的三种最重要的能力。一个项目在任何阶段都需要这三种能力，只是在不同的阶段，不同角色的能力表现形式和强弱是有区别的。

"铁三角"就是把所有人所需要做的事情，按照一个项目需要的三种能力进行了切分。"铁三角"是一个混合型的队伍，是一支精兵，因为它分工更细，对每个方向的专业技能建设就更有针对性。无论是个体还是组织，都应该找到自己的核心价值，没有核心价值的个体或者部门，都会逐步地被边缘化。

"铁三角"中的任职资格管理

在"铁三角"的每一个专业领域当中，也都有能干的人和不能干的人。于是华为就有了任职资格的管理。

任职资格，就是沿着各个专业线，把能力强的人和能力不强的人逐步的分层、区分出来。对任何公司来讲，无论你根据哪条标准来看，能干的人永远是少的，不能干的人相对来说就会多一些。它一定是一个类似于金字塔的结构，这个结构才比较合理。

如果没有任职资格，没有资产的盘点，我们不是倾向于项目需求能力去要求资源，而是依赖于我们对这个人的了解。

这样呼唤炮火的话，好用的人大家都抢着用，但有些人对于某个具体的项目来说是属于超配的，以他的能力可以做更重要的项目。后面有更重要的项目的话，就没有适合的人了。所以越到后面，资源协调就越困难，很多重要的机会把握起来都会有问题。

华为"铁三角"的职责定位

"铁三角"各角色职责定位是什么?

1. AR(客户经理、客户群总监)。

（1）统一管理组织客户关系、关键客户关系和普遍客户关系。
（2）销售项目管理：管理所有面向客户的销售项目。
（3）回款。
（4）授权范围内进行商务决策。
（5）商业解决方案（合同条款、交易模式、融资等）。

2. SR(产品解决方案)。

（1）挖掘机会点，负责市场格局。
（2）理解客户需求，制订客户化解决方案，牵引解决方案开发。
（3）对本客户群产品与解决方案品牌负责。
（4）负责高层对话在解决方案层面的支持。

3. SSR(服务解决方案)。

（1）承接专业服务销售目标，负责服务拓展，提供综合专业服务解决方案。
（2）提升服务组织、普通及关键客户关系，承接服务客户满意度指标。

4．FR（交付管理）。

（1）负责端到端项目管理和监控。
（2）确保系统部交付资源。
（3）确保系统部内部的各个项目、子网的客户体验一致。

华为"铁三角"的KPI

"铁三角"KPI是责任共担，拓展期、成长－成熟期的KPI有不同侧重。

1．拓展期。
（诉求：了解客户需求，成功准入，进入短名单）

· 市场目标、客户关系（占较高权重）。
· 订货、收入、回款、销售毛利率、客户满意度（适当权重）。
· 交易质量（相同权重）。
· 贡献利润、现金流（测评指标）。

2．成长－成熟期。
（诉求：稳定的收入、份额、提升利润和现金流）

· 收入、回款、DSO（销售变现天数）、客户关系及满意度（占较高权重）。
· 订货、市场目标、销售毛利率（适当权重）。
· 交易质量（相同权重）。
· 贡献利润率、现金流（测评指标）。

"铁三角"对企业的意义

我首先想起了宝洁公司的产品经理制，通过产品经理，全权负责一个产品的成长发展，使宝洁公司的产品一直在行业中领先。

后来我又想起了可口可乐公司曾经一段时间的市场决策机制，市场部策略需与业务部共同制定，提交公司领导决策。

华为"铁三角"，从一开始的管理项目，到财务管理、品质管理、行政管理、客户满意度等"铁三角"的不断出现，使"铁三角"有了引申、可持续发展，这是对中国企业管理理论的贡献。

管理箴言

"铁三角"的三个角是项目实现的三个互补的角色，同时实现也是销售项目从开始到完结中所需要的三种最重要的能力。一个项目在任何阶段都需要这三种能力，只是在不同的阶段，不同角色的能力表现形式和强弱是有区别的。

从"矩阵"到"大平台"，独特的华为组织管理

一般来讲，企业的组织都要随着企业发展目标进行适应性调整。华为公司的组织结构调整与管理改善，都是在不断地强化一线"作战"能力，以及将公司后方建成支撑平台和服务机构。

现在大家已经能够看到，华为的组织管理，已经在将原来的矩阵式组织管理，正调整变动为大平台模式。

华为最独特的管理层组织：EMT

在2004年前后，华为请顾问公司帮助设计组织结构时，发现当时的华为连中枢机构都没有设立，于是提出建立EMT制度。

这次管理层的组织变革，使华为公司的接班制度得到有效解决，任正非说：现在自己根本不需要考虑这个相当多让企业头痛的问题。

从那时开始，为应对外部变化，华为一直实行着轮值制。

实践证明，轮值制度既可为华为培养领导者，又可以避免个人长期执政的决策极端化和山头主义，这是华为灰度管理的体现。

这种EMT最高管理层组织模式，不同于任何企业的管理制度，既有借鉴，又有华为特色。

任正非说：如何能适应快速变化的社会，华为实在找不到什么好的办法。是不是好的办法，需要时间来检验。随着时间的检验，华为公司于2018年3月董事会换届之际，将原来的轮值CEO制进行调整升级，实施轮值董事长制。首届轮值董事长：郭平、徐直军、胡厚崑。

组织管理变革，华为始终未停

组织建设，其实就代表着管理职能的建设。因为人和事，都需要依附在组织上。

2003、2007、2010年这几年，华为都进行过一定的组织梳理变革。

2003年，华为进行了从集权式向产品线结构转变。2007年华为将地区部升级为片区总部，并成立了七大片区，这七大片区又被拆分成20多个地区部。2010年，华为重新梳理业务部门，原先是按照业务类型，将组织结构划分为设备、终端、软件服务等部门，这次从单纯的业务类型，转向了客户和市场，公司按照客户类型划分为面向企业、运营商、消费者及其他业务的部门。

组织结构没有好坏，只有合适不合适。随着经营环境变化及内在经营管理需求，进行组织调整升级，是企业再正常不过的事情。从全球不少优秀企业的变革历史进程来看，随着内外环境、条件、要素的变化进行组织变革升级，是正常的，也是必要的。

在组织结构调整过程中，最难的，应是从原来的科层制，转换到面向消费、市场，来设立组织。可以说，这是未来的组织变革的终极思路。

但在这里要着重强调的是，华为的组织管理与变革，始终是面向市场，甚至"端到端"的直接对接。

在现在的移动互联时代及即将全面进入的数字化时代，还需要有大数据思维。面对市场客户与用户，这就需要组织结构更贴近市场、反映更及时、服务能力要得到大力提升，服务系统也要相对应建立，服务意识要树立且在企业形成根深蒂固的影响等。

不可否认的是，短期企业的成本费用可能会得到非常明显与巨大的提高，但这样的组织设计与能力打造，成就的可就是企业最核心的竞争力！

华为的组织管理基本理念

华为始终坚持着开放的组织管理理念：一是以开放的心态对待组织发展，华为要"走出去学习""同行业共享"，二是要求华为人以开放的意识实行自我管理，以主动的态度来促进华为的自主成长。

在实践中，华为在自身组织决策方面的成功经验非常多。拨开繁杂的管理运营，我们发现，恰恰是组织哲学作为华为组织管理体系的支柱，促动着华为公司健康有序地持续向前发展。

华为的组织管理基本理念离不开任正非的深入思考。任正非针对组织，曾有过自己的一个重要观点：一个组织要保持管理的理性，最关键的是要确定基本的组织原则。

在此之下，华为的组织运营规范化体系也让人称道。因为，任正非在华为发展步入正轨后，第一件事就是将组织原则，转化为制度规范。所以，华为如此庞大的企业组织，即使横跨B2B、B2C，国际国内，仍能运转平稳有序，"静水潜流"，也能产生极好的效率、效果、效益。

华为组织的发展进阶

华为公司在30年的发展历程当中，组织能力是逐步成长起来的。我们通过对华为组织发展历程的对标，比较容易找到学习的方向。华为的组织能力发展大致分为四个组织阶段。

1. 贸易型组织。

华为最开始成立的时候只是一家贸易公司，只有十几个人，贸易公司基本不需要生产、技术、研发等职能，供应也仅限于商品供应，不需要产品生产之前的原材料、物料等采购，因而职能简单，组织结构也就简易，管理范畴小，边界也不需那么清晰。

随着业务与人员的增长，以及自己进行产品开发、生产，基于制造型企业所需要的功能，来构建直线职能型组织，就成了必要。

2. 直线职能型组织。

在垂直的领域里面，华为逐步走向专业职能化组织。科层式组织成型，且职能、部门划分清晰，设有专业的管理岗位进行组织管理与发展。

3. 跨部门临时型团队组织。

随着华为公司的不断壮大，以及业务由单一产品开始向跨区域等相关业务的拓展，直线职能型组织的一些弊端开始显现，这使华为的组织在满足战略要求时显得不足，在解决一些日常问题的时候，也需要跨部门、矩阵式、项目式组织来实现。这时，华为的组织管理，进行了传统直线职能型组织之外的不同实践。

4. 流程型组织。

不少人认为华为的成功，是流程化管理的成功，虽不全面，但确实有一定的道理，华为公司是一个优秀的流程型组织。

华为公司业务越来越庞大，已经从原来的做交换机的 2B 类公司，到了手机终端的 2C 业务兼具的公司，基于业务流推动的流程型组织的建立，据此形成了与其他公司差异化的竞争优势，是由矩阵式管理、流程型组织、授权行权监管的权利分配机制共同运作的组织形态。

华为的组织管理核心内容

华为公司通过学习 IBM 的 IPD 的管理，奠定了组织管理的良好基础。

1. 华为组织管理模式：矩阵式管理。

任正非 1996 年曾讲过："世界上我最佩服的勇士是蜘蛛，不管狂风暴雨，不畏任何艰难困苦，不管网破碎多少次，它仍孜孜不倦地用它纤细的丝织补。"

华为公司的组织战略和组织架构与之还真有一定的相似之处：处于战略前沿的"作战部队"类似螺旋型的"黏质蜘蛛丝"，富于弹性、灵活性、机动性，更可怕的是富于"黏性"——蜘蛛一旦接近猎物，便能死死地咬着不放，直到捕获到手为止；而放射型、牵引型的蜘蛛丝则类似于强大的后方支撑系统，包括战略司令部、参谋部、后勤部、人力资源部以及其他部门，后来又加入了研发部门。华为矩阵式管理的思路，还真与蜘蛛织网有内在的相似性。

2. 华为组织管理形式：流程型组织。

流程是一个企业运行的内在脉络，在华为也是对业务流的约束，通过对各个业务构建一个堤坝与防护，规范业务流动的边界，来实现企业"静水潜流"的顺畅性、纪律性、规范性等。企业是由无数业务流组成的，华为公司这些年，对各个业务流都逐步构建了自己的流程，并还在过程中不断优化、完善。正是华为公司这个巨大的流程集，支撑了全球170多个国家近20万员工、近万亿元的经营业绩成果！

华为在发展的历程当中，曾经出现过一个比较极端的情况：一个合同走完全部审批流程，需要盖23个章！这种流程过载、不当、烦琐、低效，成了华为公司优质管理的阻碍，通过流程化组织的不断优化，华为公司重新梳理了这类合同审批的流程，现在优化后的合同评审只要盖三个章就够了。这就是华为流程化组织的突出体现。

华为以客户为中心，于是又从客户端回溯流程，如果在回溯过程中，发现有一些事情是冗余的，当下情况并不需要去做，于是进行改进升级。华为公司过去的组织和运作机制是总部在推的机制，现在已经逐步向一线拉动的机制方向转变。"班长的战争"式的组织管理转变，就是一个明显的例子。

在流程型组织的拉动下，华为公司不只是组织结构的改变，更多的是基于以客户为中心的职能的优化与完善，华为的矩阵式管理，管理职能更多地转向服务职能。这看似一个转换，其实却是在更换整个华为公司人员的思想，是对原来的自我颠覆。现在华为的矩阵式流程化组织，一切为前线工作，提供资源，加强服务，输送能力。所以，华为公司现在对于各职能部门的定位，其实很明晰很简单，就是打造三个中心：资源中心、服务中心、能力中心。

3．华为组织运营：授权与行权监管。

华为公司通过授权、行权监管的分层授权体系来支持业务的良性运转。

华为公司认为，管理体系的设计一定要基于对人性的理解，并要去管理人的动机，所以，有服务华为的专家说，华为公司了解人性，华为任正非是人性大师。

传统的一些管理理念，成就了不少优秀公司，且不断精进与发扬光大，但随着环境条件变化，其中也有误区。以为一个企业的管理只要精细与严格，就一定能提升或者改善组织的绩效，事实上未必完全如此。华为公司以客户为中心，其实就是围绕着客户去构建价值创造、价值评价、价值回报的优秀组织运作机制。

管理标准化，促进组织管理标准化

华为公司的成功，说复杂也复杂，说简单也简单。如果往简单的说，三个字可以概括，就是标准化。

任正非曾对华为公司的管理干部讲过：你们不要以为自己管理了几百个人就沾沾自喜，不可一世。你们换到我这个位置，管理几万个人试试？这说明，没有管理的标准化，按一个人的管理半径只有七个人的逻辑，近20万人的企业，管理确实无从下手。

标准化这三个字特别的重要，能够把管理体系做到标准化，就决定了你可以把管理能力进行复制。无论你的市场有多大，都会用复制的方式去覆盖它。而华为公司一直致力于管理的改善与优化，最终就是实现最大面的标准化、可复制性。而组织管理也随之实现了标准化的升级与延伸。

管理箴言

华为始终坚持着开放的组织管理理念：一是以开放的心态对待组织发展，华为要"走出去学习""同行业共享"，二是要求华为人以开放的意识实行自我管理，以主动的态度来促进华为的自主成长。

华为"铁军"善打硬仗、能打胜仗的策略

任正非说：我们为什么能胜利，就是因为我们团结，团结就是巨大的力量，全世界没有一个公司在有近二十万人的情况下，还能像我们这么团结。我们要建能力中心和人才中心。在全世界获取世界级优秀人才，把人才吸引过来，创造一个环境。

通用和共享的准则和价值观

《华为基本法》从追求、员工、技术、精神、利益、文化、社会责任七个方面表达了华为的价值观，这七条价值观已经深入华为员工的思想与行为。正如任正非对《华为基本法》的期望：即使没有什么价值了，也必须能够规范地指导华为人的工作，能够将企业成功的基本原则和要素系统化、规范化、制度化，将企业家的智慧转化为企业的智慧，不断传承下去。

可以说，通过《华为基本法》这部企业管理基本大纲，华为的团队建设实现了全面落地。当时华为在制定《华为基本法》时，统一了团队人员的思想，高管们在春节回家团聚时都在背诵这套体系，华为

也开展了一些辩论赛来达成共识，最终真正实现了团队的"力出一孔，利出一孔"！

_ 建立团队的行为准则，团队工作程序标准化

华为的团队管理，可以简单总结为精细化管理与人性化管理的最有效结合。

由于华为公司的严格纪律和刻苦的工作风格，单单从华为人的生活质量来衡量的话，那么华为员工的幸福指数并不是最高的；但是华为同时具有人性化对待员工的这个"法宝"，使得员工心理上的满足感和幸福感同样增强了华为团队的凝聚力和向心力。

任正非说：面对不确定的未来，我们在管理上不是要超越，而是要补课，补上科学管理这一课。而科学管理的重要组成部分就是工作程序的标准化、科学化，可复制才能使团队建设有章可循，代代相传。

虽然《华为基本法》最终是华为聘请教授撰写而出，但是最早其实是任正非安排公司的职能部门来做这个事情的。当时职能部门将公司的大量文件资料整理、汇总为内部管理标准文本交付给任正非，他认为这不是他需要的，因而被搁置，但华为的一些标准化工作也从那时就开始得到加强，华为以标准化为重要标志的科学管理迈上新台阶。

_ 纪律严格，奖罚分明

华为是一个半军事化管理的、纪律严明甚至有些苛刻的公司，如下简单列举华为的一些严格且明确的现场纪律要求，可以看出并不只是在有活动或团建时有团队口号、团队统一行为标志，而是实实在在

地在日常工作中去实现。

（1）严格规定上、下班作息时间。
（2）办公桌面要求整齐、清洁。
（3）下班后要求电脑和显示器关机、空调关闭、房间锁门。
（4）离开办公桌10分钟以上必须内部邮件通知。
（5）上班时间不得浏览与工作无关的网站等。

这些条款不只是要求，而是都配有不同数量的扣分，每人每月可扣分总数为100分，当被扣至80分以下时罚款50~100元，当被扣至60分以下时将可能被降薪或被项目组辞退，连续3个月以上得满分100分者，可被项目组奖励100元。

这种罚和奖不只是记录而已，而是在每月底召开的民主生活会上进行，该罚的现场掏钱，该奖的现场收钱，奖罚分明，行动透明。

全员参与管理，塑造普遍积极性

全员参与管理，这是华为项目管理中比较独特的一种方式，除了项目经理、项目小组长外，项目组中还会有纪律监督员、纪律考勤员，甚至还有图书管理员、配置管理员（CMO）、培训管理员等。

在一个大型项目组中，各种协调和基础性管理工作被整理、分解给不同的人员负责，并以责任分工方式明确，项目组中的几乎所有成员都会参与到这样的管理工作中来。华为的全员参与管理极大地提升了整个项目组的普遍积极性。

其实在全员参与管理上，华为的EMT轮值CEO制及升级的轮值董事长制，已经在企业最高管理层方面得到了充分体现！

人性化的管理与关怀

任正非是人性大师，他提倡要与客户建立"不打领带的关系"，这代表着华为公司精神领袖的人性关怀对整个企业的影响，也代表着华为公司是一个充满东方智慧与商业文明的公司。

华为的合作项目中也体现出了华为公司内部的一些人性化管理风格，比如项目经理会定期抽时间与各位组员做一次例行沟通。

例行沟通涉及的内容主要是与沟通当事人一起回顾一下其前一段时间的总体工作表现，并肯定其做出的努力和成绩，更重要的是需要具体指出对方在某些方面的不足之处，并帮助其指明改进的方式和方法，对其提出殷切的期望。

任正非曾说："铁军"是打出来的，华为的"兵"是爱出来的。这句话说出了华为的团队建设中不只有铁律，还有人性的爱与关怀！

团队建设活动

华为合作项目组非常注重团队建设，会在非常有限的项目经费中省出一部分专门用于团队建设，定期搞一些娱乐活动，活跃团队气氛，比如户外拓展运动、海上游等。

另外，一些项目组因为组员人数多，每月总有几个人过生日，所以项目组每个月都会过一次集体生日，大家一起为寿星们庆祝生日、吃生日蛋糕，每个人都能够感受到集体的温馨。

项目组鼓励大家参加一些对工作有益的认证考试，对于通过考试拿到认证资格证书者，项目组在民主生活会上会对其进行奖励，每个组员都能感受到努力带来的直接激励。

民主生活会

华为合作项目有一个非常优良的传统，它来源于华为的内部企业文化，这就是每月一次的民主生活会。

民主生活会既是一个茶话会，因为开会现场会买来很多水果、零食，又是一个正式的工作会，因为在这个民主生活会上项目经理必定会对整个项目当月的工作情况进行总结和回顾，并部署和安排下个月的工作计划和目标。

民主生活会的最后一项议题是很重要的，就是批评和自我批评，项目经理会要求各小组写出3条自身需要改进的地方和2条其他小组或项目经理需要改进的地方，并进行阐述。这样，每个小组既能检讨自身工作中的不足，又能帮助其他小组发现一些问题。同时，通过这种开诚布公的批评与自我批评的方式，也增进了各小组之间的友好关系，消除了误会，有利于提高今后合作、配合的效率。

不少企业的民主生活会由于没有价值观做底，企业文化并不能支撑别人给自己提意见，更别说给领导提意见，这样的民主生活会往往成了走过场，失去了民主生活会的意义。

新人培训

华为对新员工进行全方面的培训，包括企业文化、团队协作、市场营销等。

华为通过这样全面的培训，不仅可以增加团队的工作效率，还不用担心某个职位上的员工闹情绪，辞职走人。因为对于岗位来说，员工并不是必须品，就算某人辞职了，马上可以找出十个甚至几十个能够胜任该职位的员工。

实战中管理团队

团队管理所涉及的各项管理活动不是孤立于业务活动而单独存在的,只有把管理活动真正有效地融入业务活动中,才会在做好业务的同时做好人员管理和团队建设。在交付出成功的产品和服务时,还要交付出成功的团队,边打仗边练兵,打造出一支能打胜仗、敢打硬仗的队伍。

训战,成就华为"铁军"

任正非说:队伍不能闲下来,一闲下来就会生锈。

所以,华为通过对如上的团队建设要素的融合性打造,使华为的业绩一路增长,所向披靡。

正是在这样的理念与行动下,华为的团队成了无坚不摧的"铁军",就像华为公司宣传的那架伤痕累累的飞机一样,仍能作战,仍能奋斗,飞向成功的彼岸。

管理箴言

任正非:队伍不能闲下来,一闲下来就会生锈。

华为，猛将必发于卒伍

韩非子《显学篇》中提道："故明主之吏，宰相必起于州部，猛将必发于卒伍。夫有功者必赏，则爵禄厚而愈劝；迁官袭级，则官职大而愈治。"

意思是：作战勇猛的将领都应是从士卒提拔上来的，贤臣良相也应都是从地方官员提升上来的。这些人都来自基层一线，更知道真实的情况，明了真正的问题，更了解战场的形势和百姓的疾苦，也就能够更好地制定方针政策，更好地解决问题。

在华为，年轻也能当将军

华为的人才观点始终坚持以责任结果为导向。在华为公司，一个人的升迁是不论学历、不论资历的，初出茅庐的年轻人、毕业生，只要肯干、能干、会干，能独当一面，有良好表现，就能成为干部，直至"将军"。

在华为，3年从"士兵"升到"将军"，不是神话。

在华为，从不论资排辈，年轻也能当"将军"。

"宰相必起于州部，猛将必发于卒伍"。华为在实战中选拔人才，通过训战结合培养人才。华为的英雄都是在泥坑中摸爬滚打出来的。

任正非在 2012 年曾指出：工作中要善于发现优秀"苗子"，向地区部推荐，向公司推荐。这些优秀"苗子"承担更大的管理责任后，就会努力把"盐碱地"洗干净，相信他们也会积极落实财务的要求。将军是打出来的，不是培养出来的，也不是分配出来的。机会是靠自己创造的，不是别人给你安排的。

在任正非看来，区别一个干部是不是好干部，是不是"忠臣"，标准有以下三个。

（1）有没有敬业精神，对工作是否认真；
（2）有没有献身精神，是不是斤斤计较；
（3）是否有责任心和使命感。

华为常务董事、消费者业务 CEO 余承东就是一个能干、肯干、会干，在市场与竞争的泥坑中不断摸爬滚打、奋斗出来的"将军"。

余承东于 1993 年学校毕业后加入华为，在华为公司 20 多年的工作经历中，他写过代码，做过销售，做过运营商业务。2011 年，余承东主动请缨负责消费者业务，他团结团队，狠抓产品，注重用户体验，把华为手机业务推上全球"塔尖"。由于表现优秀，2018 年 3 月，经华为持股员工代表会议投票选举，余承东当选为华为投资控股有限公司董事会常务董事，成为华为董事会中最年轻的常务董事。

余承东说：市场的历练和海外的经历是非常宝贵和难忘的。我去过非洲，艰苦地区的工作经历非常难得。莎士比亚说过，"凡是过往，皆为序章"。所有的经历对人生而言都是财富。

在华为公司，有个名叫"阿甘"的员工是一个典型的 90 后，入职仅 10 个月就成了一个办事处的主任。他在加入华为 5 个月时主动要求去西非区域工作，要为华为的海外事业奋斗，他在西非工作了 5

个月后，又被调往中非去管理一个办事处，短短的一两年，他就成了华为公司的一个 90 后"大拿"。

这样的事迹在华为不胜枚举，任天柱于 2010 年加入华为公司，历任进出口专员、仓库管理员、物流经理。他认真工作，成绩突出，在 2014 年 10 月被公司破格提升两级。

很多人认为华为以"狼性文化"著称，但华为并没有说过自己的企业文化是"狼性文化"，只是奋斗精神与狼的行为特质太相似了。所以，3 年从"士兵"到"将军"，并不是提倡狼性，而是鼓励奋斗。奋斗，才是华为的价值观，是华为文化的内在，而狼性只是外界的一种解读，并非华为本身提倡与明确的。

以客户为中心，"卒伍"直接面对客户

可口可乐公司因为有个非常好的传统，就是公司的运营一直非常接地气，所以本土化、全球扩张非常快，销往两百多个国家。

在中国，有团队参访可口可乐公司时，首先由可口可乐公司的业务人员带去看市场，聆听市场一线的声音并了解状态。中国公司的领导除了年底战略会议，平常也基本在一线与一线员工共同了解市场以及现场解决问题。市场部制订的方案中大部分都需要与一线业务人员沟通并征得同意，才可能得到公司领导的审批。

任正非指出，之前华为很多有能力的人都集中在机关，前方大项目的骨干太少，直接面对客户的"铁三角"力量很弱，虽然机关人多、内控强，但是公司的"作战能力"并没有增强。能人要用到刀刃上，可以破格提拔，将敢作敢为的人派去前线，将优质资源集中到优质客户身上。

在华为的研发体系反幼稚大会上，客户的抱怨录音被不停地播放

给研发人员听。或许，最直接的客户意见就是华为不断改进的最直接动力！"卒伍"们是华为"以客户为中心"的最直接服务者与回馈者！

奥斯卡夺奖热门电影《极速车王》的启示

这是2020年年初的一部电影，讲述的是美国福特汽车公司建立赛车公司并打败法拉利的故事。此片按真实故事改编，重现了李·艾科卡打造赛车队并最终获得胜利，建立更高、更好的品牌影响，从而提升业绩的过往。

片中的赛车手迈尔斯就是一个起于卒伍的杰出案例。他脾气怪，难以让人接近，但车技很好。最重要的是，由马特·达蒙饰演的卡罗尔组建的赛车队从一开始打造赛车就能通过车痕看出车的性能以及操作方式，从而最终打败了法拉利，成就了翻盘传奇。

当然，一个人并不是随随便便就能成功的，该片两位主角都经历了一二十年的磨炼。每个人的时间、精力都是有限的，应专注只攻一个"城墙口"。任正非也在一次讲话中指出："年轻人要持续不懈地努力，不要认为自己很聪明，今天搞搞这样，明天搞搞那样，可能青春就荒废了。能力是有限的，扎扎实实认定做一件事情，就可能成功。"

创新往往来自边缘，来自"卒伍"

一般来讲，公司的职能部门更倾向于对已知问题的改善，因为他们了解的情况多是已知情况。而一线员工会有更多对未知的直觉判断与洞察，因为能看到更多未被满足的需求，如各种分析、管理、现实因素的羁绊，所以更容易"力出一孔"，产生爆破性的创新效果。

有外国同行认为，过去20多年全球通信行业的最大事件就是华为的崛起与成功。其实，华为一直在不为人关注之处厚积薄发！任正非在采访中说过：没有原创产生，一个国家想成就大产业是没有可能的。即使成功了，也像沙漠上修的楼一样，不会稳固的。

华为耐住了二三十年的寂寞，不在非战略机会点上消耗战略竞争力量，而是几十年不断推进人才的成长与技术研发，聚焦在主航道，才拥有了突破与创新的能力。

华为的创新

任正非在2019年对多家媒体披露：华为加大对全球各研究型大学的投入，不要求像内部研究一样的回报，而是有了成果后按一定的规则进行利益分享。

其中某俄罗斯天才小伙子研究出来的成果是全球独一无二的，为华为的创新技术发展做出了不可磨灭的贡献。

谈到最火的5G话题，任正非向媒体透露：2019年华为5G基站拥有的专利创新已经超出全球其他任何5G开发企业！华为的专利数已经站在世界前列！这些研发成果都离不开华为三分之一的研发人员的点滴创新与努力。

"卒伍"，就是中坚

"卒伍"其实就是真正的中坚，是真正的力量与核心。

任正非在华为某年的新年献词中指出："要从各级组织中选拔一些敢于坚持原则、善于坚持原则、有成功经验的员工，通过后备队的培养、筛选走上各级管理岗位。'现代化作战'要训战结合，干部要以基层实践经验为任职资格，'宰相必起于州部，猛将必发于卒伍'"。

每一份业绩，都来自"卒伍"们的努力前进。

所以，华为的"班长的战争"，也就成了近年提出的重要经营策略。

管理箴言

在任正非看来，区别一个干部是不是好干部，是不是"忠臣"，标准有以下三个。

（1）有没有敬业精神，对工作是否认真；

（2）有没有献身精神，是不是斤斤计较；

（3）是否有责任心和使命感。

华为核心能力建设：新员工观

任正非要求华为内部在管理变革过程中，既不能抛弃老员工，又不能让新员工摸索前进。因此，华为定义的四个核心能力建设（**管理能力系、专业能力系、项目管理系、新员工培训系**），其中一个就是有关新员工的。

对新员工的期望与华为的人才观

在某次华为新员工座谈会上，新员工问："任正非总裁，您对我们新员工最想说的是什么？"

任正非回答："自我批判、脱胎换骨、重新做人，做个踏踏实实的人。"

以下是华为的人才观。

（1）打开组织边界：炸开人才金字塔尖。
（2）跨越专业边界：人才循环流动。
（3）突破发展边界：以责任结果为导向。

从这几个方面看来，华为新员工应对自身在华为的发展抱以期待。首先，炸开人才金字塔尖，只要是好人才，华为就会用机制欢迎；

其次，人才循环流动，只要有意愿，就会有更多机会成长；最后，以责任结果为导向，代表这个公司不是任人唯亲，有作为就会有地位。

新员工也要自我批判

任正非是中国企业家中能自我批判的极少数人之一，他在对新员工的告诫中，首先要求华为员工要有自我批判的精神。任正非说：没有责任心、缺乏自我批判精神、不善于合作、不能群体奋斗的人，等于丧失了在华为进步的机会，那样您会空耗了宝贵的光阴。

当然，任正非在企业管理中，也一直在践行自我批判精神。如下列举。

- 1996 年《反骄破满，在思想上艰苦奋斗》《再论反骄破满，在思想上艰苦奋斗》
- 1998 年《在自我批判中进步》《一个人要有自我批判能力》
- 1999 年《自我批判和反幼稚是公司持之以恒的方针》《自我批判触及灵魂才能顺应潮流》
- 2000 年《为什么要自我批判》
- 2006 年《在自我批判指导委员会座谈会上的讲话》
- 2007 年《将军如果不知道自己错在哪里，就永远不会成为将军》
- 2008 年《从泥坑里爬起来的人就是圣人》
- 2010 年《开放、合作、自我批判，做容千万家的天下英雄》
- 2014 年《自我批判，不断超越》《一杯咖啡吸收宇宙的能量》
- 2015 年《转发〈财经管理团队民主生活会纪要〉》《华为公司改进作风的八条要求（重申）》
- 2016 年《前进的路上不会铺满了鲜花》《华为，可以炮轰，

但勿捧杀》《不分国籍、不分人种、万众一心，用宽阔的胸怀拥抱世界、拥抱未来！》
· 2017年《在行政服务解决难缠工作进展汇报上的讲话》《要坚持真实，华为才能更充实》

国内知名企业家蒋锡培说：华为任正非在今天已经做到进入"无人区"了，他坚持以客户为中心，以奋斗为本，长期坚持自我批判，艰苦奋斗。

自我批判，在思想上"入模子"

任正非教导新员工要自我批判，就是要让新员工在思想上"入模子"。

他说："没有自我批判，我们就不会认真听清客户的需求，不会密切关注并学习同行的优点，会陷入以自我为中心，必将被快速多变、竞争激烈的市场环境所淘汰；

"没有自我批判，我们面对一次次的生存危机时，就不能深刻自我反省，自我激励；

"没有自我批判，就会故步自封，不能虚心吸收外来的先进东西，就不能打破"游击队"的局限和习性，把自己提升到全球化大公司的管理境界；

"没有自我批判，我们就不能保持内敛务实的文化作风；

"没有自我批判，各级干部不讲真话，听不进批评意见，不学习、不进步；

"我们还能向前走多远，取决于我们还能继续坚持自我批判多久。"

可以说，没有多少企业对新员工开展自我批判的，很多企业更注重激励。但是，自我批判就不是激励了吗？

自我批判就不会有锐气、有敢想敢干的精神了吗？

企业到底是要有态度的人，还是要有能力的人？

毫无疑问，华为可能更需要有能力的人。没有能力，态度再好也没用。

新员工如何脱胎换骨

如何促进新员工脱胎换骨？华为公司管理层会提供以下支持。

一是希望新员工们成为这个大系统中一个开放的子系统，积极、有效地既求助于他人，同时又给予他人支援，这样就能充分地利用公司资源，借助别人提供的基础，吸取别人的经验，很快进入角色，很快进步。

二是华为公司的管理是一个矩阵系统，运作起来就是一个求助网络。

对于新员工，华为公司对他们予以告诫：不封闭自己，在华为想单打独斗搞出点名堂来，是万万不可能的。就算搞出来了，也需要较长时间，也许到那时，工作成果已没有什么意义了。

另外，华为公司还会告诉新员工，要改变自己的命运很简单，没有其他路径，只有以下这两条。

- 坚持努力奋斗
- 做出良好的贡献

为达成新员工脱胎换骨的目标，华为会对员工进行一系列相关培训。

任正非说：华为要培养优秀的科学家、营销专家、管理者，但整个培养工作要实行低重心战略，要重视普通员工、普通岗位的培训，要苦练基本功，培养技术过硬的工程师、秘书、计划员、统计员、业务经理。

华为员工培训体系主要包括以下几个。

（1）新员工培训系统
（2）管理培训系统
（3）技术培训系统
（4）营销培训系统
（5）专业培训系统
（6）生产培训系统

培训主要方式：课堂教学、案例教学、上机操作、工程维护实习、网络教学等。

新员工如何"重新做人"

任正非对新员工说：实践是水平提高的基础，它充分地检验了你们的不足，只有暴露出来，才会有进步。实践尤其对新员工十分重要。只有实践后善于用理论去归纳总结，才会有飞跃和提高。要摆正自己的位置，只有不怕做小角色，才有可能做大角色。

在华为，实践造就了一代又一代的华为人。"想做专家请一律从基层做起"已经在华为公司深入人心。新员工在进入华为公司一周以后，博士、硕士、学士等以及在原工作单位取得的地位均进入清零状态，任何新员工都得凭实际能力与责任心定位自己，对新员工个人的评价以及应得到的回报，均主要取决于员工在实干中体现出来的贡献度。

在华为公司，有着让新员工成长的如下几个说法。

- 价值观改造人
- 规章制度约束人
- 能力中心升级人

"重新做人",并不是只能靠外力,主要还是靠自己。在价值观、规章制度、能力中心的支持与约束下,新员工要想更快成长,需要培养自己的责任感,当然,还有华为强调的危机意识。

任正非说:公司的每一位员工,都要有强烈的责任感和危机意识。有人说,我是打工仔,我拿这份工资,对得起我自己。我认为这是好员工,但是他不能当组长,不能当干部,不能管三个人以上的事情,因为他责任心还不够……打工,也要负责任,在生产线出现一个很小的错误,当场解决,浪费的财产可能是一块钱,但将机器装到现场,损失至少是1000块钱。

在华为,不论资排辈,年轻人也能当"将军"。现在的华为,60%的部门经理是85后,41%的分公司总经理是80后,还有80后的地区部总裁。在华为,3年从"士兵"到"将军",不是神话。

如果华为新进员工对自己的发展有更高的期待,则需要承受得起受委屈的可能。"烧不死的鸟就是凤凰",这也是华为公司挑选干部的重要准则。

新员工如何做个踏踏实实的人

任正非说:如果谁要来跟我谈谈华为公司的战略,我都没有兴趣。因为华为公司今天的问题不是战略问题,而是怎样才能生存下去的问题……公司发展很快,如果既没有理论基础,又没实践经验,再鼓励大家上来提建议,提战略决策,那么华为公司肯定就是墙头上的芦苇,风一吹就倒，没有希望。

华为公司更崇尚艰苦奋斗，不欢迎好高骛远。针对如何让员工做个踏踏实实的人，还是围绕华为的核心价值观来推进工作。

奋斗者精神激励人，华为永远不会提拔没有基层经验的人做管理者。

以客户为中心造化人，并且长期坚持艰苦奋斗，在这方面，任正非就是一个表率。他在采访中提道：我们曾经历住两块钱一晚的招待所，顿顿吃方便面；跟我们在同一个客户那里出差的竞争对手的工程师，住的是当地最高档的宾馆。

任正非的新员工观，并不是特立独行

华为对新员工的态度，恰恰反映了知识型人才企业的管理特点：在正确认识的前提下，只要能脚踏实地，就能产生良好自驱力。

对我们来说，有什么有益的启示呢？

（1）针对知识人才，让他们有理性的认识很重要。

（2）响鼓不用重锤，知识型人才认识到了，自然会加油干。

（3）正确认识自己与企业，不好高骛远，从一开始进入企业就培养脚踏实地的做事风格。

管理箴言

任正非回答新员工：自我批判、脱胎换骨、重新做人，做个踏踏实实的人。

改善绩效：华为的个人绩效改善工具

在华为，员工是要签 PBC 任务书的。

我个人觉得，华为 PBC 有点像可口可乐公司的业绩分解，能够分解到每个员工、每段时间、每个客户、每个产品、每个区域，让每个人的每个工作行为直指企业目标乃至战略目标的实现。

_ 提到华为绩效管理，不得不提 PBC

华为的 PBC 管理方法实际上来源于 IBM，经过华为的改良，内容已经大大不同了。

事实证明，华为能有今天的成绩，PBC 管理功不可没。

提到华为的个人绩效管理，可以参照可口可乐公司，这样更便于了解华为的 PBC。可口可乐公司是全球最多国家销售产品的企业，两百多个国家都有其产品销售，作为一个从 1886 年到现在已有 100 多年历史的全球企业标杆，还保持着年轻、活力，业绩也保持持续增长，其实与其多年推行的经营管理机制有关。在可口可乐公司，绩效管理已经完全不像常规企业一样，它有非常严谨且密不透风的绩效考核、KPI、奖惩、激励等。它不但有清晰的目标，而且在实施过程中有非常到位的实现目标的资源、能力、管理与之匹配。

简单一点来说，就是可口可乐公司有详尽的目标分解（**这种分解与每个人的每个工作行为是匹配的，即各种工作行为直指目标的最终实现**），并且在过程中有实现目标的各种资源与策略的匹配或建设，最终的绩效管理的意义与重要性就不那么大了。这些其实都要归因于如上所说的可口可乐公司的目标管理水平。

真正有效的目标管理（**或者说个人绩效承诺，个人绩效承诺是更带有保证的个人态度**），是绩效管理基本能实现的。

_ PBC 设置的原则

可以看到，华为的 PBC 原则与可口可乐公司的目标管理原则是完全一致的：引导做正确的事就如同可口可乐公司的目标与事情是完全匹配的；个人目标无障碍直通组织目标；客观公正对应目标——事情——执行——结果自行评价；分层分类对应各层各类对应战略目标实现的各类工作分解。

如下是华为 PBC 设置原则的说明。

1. 以责任结果和关键事件作为行为导向，引导员工做正确的事。

任正非曾说过：考核目标不是为了扣钱，而是让员工正确做事，改善绩效！

一个企业的考核目的要非常清楚与正确，即考核的目的是激励员工达成目标，而不是为了管理员工。从以关键事件作为行为导向也可看到工业类或 2B 类产品实现 OKR 的可能性。

2．确保个人目标和组织目标的一致性。

任正非特别讲到不能为了局部的改善，让全流程牺牲，这是变革管理的七个坚决反对之一，在 2B 型项目制服务中更应如是。这点也是华为升级为科学管理，推荐集体英雄主义，反对个人英雄的表现。

3．客观公正。

考核的结果以客观事实和数据为依据。所以，华为不搞360度考核，也不搞德能勤绩等评价。

4．分层分类。

华为公司从每年 10 月份开始到第二年的 2 月份，都要层层做战略解码，形成目标及指标集，第二年 4 月份前完成，并全员签署 PBC。

这件事非常重要，目的是确保目标分解，任务设置，并形成书面承诺。

这种书面承诺就是等于将"猴子"放在每个人的身上，加上高薪、股权激励及其他各类激励措施，实现了员工的内驱力、自我工作与业绩管理，从而劲往一处使，企业向一个方向发展。

_ PBC 实施的流程

只有遵循上面的四个原则，华为 PBC 实施才有章可依，具体如下。

1．目标设置。

目标设置其实是目标分解，从华为的 PBC 任务书上来看，如"赢的承诺""执行承诺""团队承诺""关键事件"都有不同的指标或计划，并且基本都配有相应的评价标准，这使每个员工签署 PBC 时不是乱签或违心签署，而是有标准与说明。

2．绩效辅导。

绩效辅导过程很重要，要动态管理过程，定期回顾重点工作进度，这是必须要做的。

绩效辅导是一种随时可以开展的双向过程。绩效辅导的本质就是管理者协同员工最大限度地挖掘员工的潜力，帮助员工达成一致目标。

华为的绩效辅导还有一个重要任务，就是不仅为了完成考核去做过程检查，还要帮助员工成长。

3．及时更新PBC。

如果有一些指标落后了，那么就要调整PBC，环境发生变化了，也要调整它。这种调整不是随意的，得有依据，要有独立的部门审核。

4．关键事件记录。

关键事件往往就是最具价值、成效的事件，我们要记录下来，一是继续引起重视，二是有利于共同分享，三是有利于改进。

5．绩效评价。

华为绩效评价分为个人自评、主管评价和集体评议。每个干部都要层层述职，所以就形成了人人有目标，人人要考核，人人要汇报的机制。

其实前面的工作都是执行工作，这项工作是真正的管理工作，这步没做，就是管理没做全，管理工作没到位。

6．结果反馈。

这个环节的反馈需要面谈，做得不好的员工要纳入绩效改进计划当中。

只有到了结果反馈，才实现了"闭环"管理。不少企业做得不好，包括一些国际一流巨头企业也存在改进空间。

7．考核申诉。

申诉权是员工的基本权利。

如上"七步成诗"，体现了华为的科学管理态度，也清晰地阐述了华为基于目标实现的全面流程与制度化管理。

PBC 的主要内容

如下就是华为 PBC 任务书的主要签署内容。

1．个人目标承诺，主要包含三个方面。

（1）个人业务目标承诺。做业务就有对应的业务目标承诺，这个目标要有时间要求。例如业绩目标就是工作计划完成率或具体数额；市场目标可能就是客户覆盖率乃至市场份额等。

（2）个人重点关注的项目。比如销售人员就是重点交付项目，而工程师就是个人负责模块严重问题数等。

（3）年度组织建设与管理改进目标。如工程师的周边工作满意度等。

2．人员管理目标承诺。

管理目标承诺适用于管理者。在华为，管理者需要设定人员管理目标，包括人才引进、人才培养甚至接班人计划等。

拿着管理者的工资、福利、待遇，就要有管理指标。管理者的重要职责是实现决策层的意志，如果没有管理意志、指标、职责的实施，那么决策层下面的管理者，可能是企业中既无业绩压力又无发展压力的一群人。

3．个人能力提升目标承诺。

把个人成长发展内容列出来，并通过工作与培育不断去实现。

企业成长发展始终需要个人能力的发展，企业战略的实现是企业资源与能力的匹配，个人能力要融合成组织能力。

从上面来看，目标体系庞大且细致，个人能力就是企业大厦的一砖一瓦。企业的目标就是由一个个员工、一个个团队的目标实现垒起来的。

_ PBC 的考核等级

华为的考核不是为了扣工资，而是为了有效激励增长与成长。

在华为，通常职位越高的领导，考核时间周期越长，以年为单位。中基层员工基本按照半年加年度两次考核的方式实施。

华为绩效评价的主要方式是打分，但结果很可能高度集中在一百分上下，拉不开层次。所以，华为制定的 PBC 考核制度不是打完分就结束，而是从评分结果上设置成如下五个等级。

1．杰出贡献者"A"。

杰出贡献者：就是明显超越所在岗位层级的职责和绩效期望（**即客观数据上起码要超过 100 分**），并取得杰出成果的标杆性人物。

华为会根据不同岗位层级的职责要求定义及详细设置绩效目标，如果评分数据和 KPI 指标都超出预期，那么证明是出类拔萃的"A"类人才。

2．优秀贡献"B+"。

相对于杰出贡献者，优秀贡献者"B+"是达到并经常超出组织期望的人才。

3．扎实贡献者"B"。

"B"指能够达到组织期望，完成任务目标的人。"B"以上的人都是能达到期望的，"B"以下的人是达不到期望的。

4．较低贡献者"C"和"D"。

"C"和"D"是无法完成组织目标的人。根据目标完成的差异，做出"C"和"D"的区分。

这些考核与评价在原来试点的时候聚焦在跨部门团队项目组中使用，经过采购部、管理工程部、中研部、中试部和试点PDT（**产品研发团队**），试点结果符合预设要求，从而进行了全面推广。

_ PBC 考核结果的应用

华为推行PBC的目的是强调共同参与、承诺、团队合作，现在已经从原来的绩效考核进入绩效管理阶段，强调管理而不是考核，强调主管与员工共同参与而不是单向命令，强调双向沟通而不是一言堂，在此基础上推行，考核结果对个人的收益与发展也起到了以下依据作用。

1．决定薪酬。

"A""B+""B"，这三类评价结果的员工都有机会进行工资调整，有机会发奖金。"A"还会有配股，"B+"和"B"要根据其他可评条件决定是否配股及配股额度。

考评的等级中，"C"和"D"是不涨薪的。没有奖金，意味着年薪与同事的差距就会很大。

"C"和"D"没有配股，收益与个人在公司的地位也有很大不同。有了配股，就基本是"主人翁"了。

2．决定晋升资格。

提拔干部的时候，绩效评价等级是重要参考维度。对"A"来说，人岗匹配、职位晋升、成长机会优先。

总之，华为的PBC为中国的企业管理贡献了一套有效的实施体系，促进了员工工作成果的实现以及团队的培养。

管理箴言

华为的考核不是为了扣工资，而是为了有效激励增长与成长。

基于《华为基本法》的华为素质模型

不少企业了解过素质模型，也想通过素质模型促进人力资源工作的开展，但如何深入理解与应用素质模型，却多有缺失或偏颇。

华为素质模型工作的起源

素质模型，即企业员工个体为完成某项工作、达成某一绩效目标应具备的不同系列素质要素的组合，划分为内在动机、知识技能、自我形象与社会角色特征等几个方面。

这些行为和技能必须是可衡量、可观察、可指导的，并对员工的个人绩效以及企业的成功产生关键影响。

华为公司的素质模型就是基于此理念，花了上亿元人民币聘请国际知名咨询公司协助搭建的。在经历了"先僵化，后优化，再固化"的过程之后，该素质模型已成功地融入华为的人力资源管理实践中，并一直在指导着华为人力资源工作的实践。

《华为基本法》与华为公司素质模型的关系

华为公司为什么要花如此高的代价来做素质模型呢？

企业做素质模型，都会根据企业文化和发展战略来构建。华为公司的企业文化与发展战略内容都能在《华为基本法》中得到体现。

任正非在构建《华为基本法》的过程中，通过与撰写组专家密集无间的交流，加上自己结合企业的思考，基本打通了企业经营管理的内在逻辑，形成了整个企业的经营管理制度。而《华为基本法》中的知识资本大于财务资本增长、如何实现知识的价值与作用、如何构建人力资源体系、对人才如何进行测评都融合了素质模型的内容。

另外，在《华为基本法》中，华为的绩效与激励机制以价值创造、价值评价、价值分配为基础，最终实现"以奋斗者为本"的价值观。价值创造、价值评价、价值分配现在已被称为华为人力资源管理的"铁三角"，在华为人力资源管理中持续发挥着作用。

华为的素质模型是在价值评价体系里构建的，这就是素质模型在华为整个人力资源管理体系中的定位，不管称之为胜任特征模型还是素质模型，都是华为价值评价体系中的一个组织环节。

正如《华为基本法》撰写者之一吴春波教授所说：构建素质模型和任职资格管理体系是企业落实人力资源开发与管理理念、实现人力资源管理与开发的两个重要工具。在国内企业中，华为是较早构建素质模型和任职资格管理体系的企业。

也正是在华为，健康型组织建设实践主要体现在素质模型与任职资格管理体系的实施，在刚性的人力资源管理体系中加入员工开发、员工关系管理和员工帮助计划等柔性的支持制度，以保持组织的健康和组织中人的活力。

所以，《华为基本法》撰写组组长彭剑锋教授将《华为公司人力资源纲要》称作《华为基本法》的更新版本，也就有其内部相通的重要意义了。

华为公司素质模型的分类

随着华为的规章制度越来越完善,华为的素质模型现已分为两大类:通用素质模型与基于职位族的素质模型。

1. 通用素质模型。

该模型包括:成就意识、演绎思维、归纳思维、信息收集、关系建立以及团队精神等18项通用素质。

2. 基于职位族的素质模型。

在华为公司,领导和管理本来是一个职位族,但是为了对干部与一般管理者进行区分,华为又制作了领导通用素质模型、管理者通用素质模型。这样一来,基于职位族就包括领导者、管理者、研发族、营销族、专业族、操作族的素质模型。在此基础上,各个职位族下面还细分为更小的族。比如,专业族下面还细分为计划、流程管理、人力资源、财经、采购、秘书等族,每个细分的族系都有各自专门的素质模型。

不管是通用素质模型还是基于职位族的素质模型,华为都做得非常细,不是简单能力词汇的拼凑。

其他公司可能只有员工素质模型。而在华为公司有如此多职位族的素质模型,不只包括员工,还包括管理者、领导,可见华为对素质模型的重视,也印证了对人力资本的深刻理解。

华为公司素质模型的构成

华为公司的素质模型在内容上包括:素质词典、素质定义、分级标准、标准描述、反映各项素质的关键事件，以及评价结果的运用，以下例举两项。

1. 素质词典。

素质词典是对模型中所有素质的总括。在素质词典中，各项素质都有明确的定义。比如，研发人员的"团队合作"这项素质就被定义为"个人愿意作为群体中的一个成员，与群体中的其他人一起协作完成任务，而不是单独地或采取竞争的方式从事工作"。这里的团队，就是为了实现某个或某些目标而共同工作的群体。它可以是一个部门内部的产品开发小组或行销小组，也可以是为满足顾客需要而结合成的跨部门工作群体。

2. 分级标准。

华为的各项素质均有独特的分级标准。比如，研发人员的"团队合作"分为4个等级，每个等级都有对应的描述以及针对性的案例分析，也就是某个素质是通过什么事件来反映的，而这些事件，都是在华为营销、研发等人员身上曾经发生过的真实故事。有了这样细致和精确的分级标准，华为公司就可以对素质模型进行评价，并且可以明确地说明员工的某种素质是几级。

华为素质模型的应用

不少企业即使开发了素质模型，也普遍缺乏运用。他们往往花了很大代价做出来一个非常漂亮的素质模型，却不知道用在哪里，或者只是赶时髦和所谓的完善企业经营管理制度，最终束之高阁。

那么，华为公司在这方面是如何应用的呢？

上面已经提到，华为的素质模型是华为人力资源管理"铁三角"中价值评价的重要部分，而人力资源管理"铁三角"又是基于《华为基本法》中的价值观。所以，从华为来看，素质模型是紧扣企业发展目标、基于企业宗旨而实施的人力资源政策。这种基于价值观的、一脉相承的通透管理措施就有了支撑企业发展的重要高度。

在具体层面，华为的素质模型既有评价标准，又有评价结果，还有评价结果的运用。这些具体应用促进了华为公司强大组织能力的最终实现，包括以下几部分。

1．职位描述。

直接运用到职位说明书的任职资格一栏。比如，一个职位需要什么素质，需要几级素质，都可以直接做出来，与任职资格进行对接。

2．招聘选拔。

在招聘选拔中运用素质模型，既可以增加招聘选拔的规范性、针对性与有效性，又可以降低企业后续的培训成本。华为公司存在大量的校招，在难以对应聘者进行工作经验、实践能力等方面的评价时，这就有了更重要的意义。

3．任职资格管理。

华为公司除了素质模型外，还有任职资格体系。素质模型以能力为基础，而任职资格则以职位为基础。两者既交叉，又有不同。华为公司作为一家国际知名公司，在全球多国开展业务与任用人员，这使大范围内的任职，仍有企业文化与战略指导下的素质模型作为参考与支持，让华为公司全球拓展少了许多障碍。

4．后备干部管理。

在华为后备干部选拔标准中，素质是一项非常重要的参考条件。而这里的"素质"，一般直接依据职位的素质模型来确定。2020年3月份任正非在接受采访时透露出要在未来五年实现3000亿美元的业绩目标，即要再造1.5个华为。后备干部的招募是一个极为重要的工作，后备干部的提拔、使用、管理等是一项重大工程，这需要华为公司的职位素质模型发挥作用。

5．报酬管理。

素质已经成为国际领先的薪酬模式中一项非常重要的付酬要素，相对于其他要素来说，对员工素质的激励作用周期往往比较长。2019年华为公司201万元年薪招募毕业生，可以说就是以素质对应报酬的一个重要表现。

6．培训管理。

根据素质模型确定培训需求是提高培训针对性与有效性的关键。它不仅可以大幅降低培训成本，还可以形成明确的培训目标，从而使培训工作有据可依。

7．高端人才的招募。

高端人才并不是唯学历，应用目标是在"无人区"开发前沿科技。华为的专利数与专利质量已经处于全球领先地位，需要对高端人才进行素质的精准把握，从而促进华为在前沿尖端科技研发始终保持领先位置。

管理箴言

华为的素质模型是华为人力资源管理"铁三角"中价值评价的重要部分，而人力资源管理"铁三角"又基于《华为基本法》中的价值观。所以，从华为来看，素质模型是紧扣企业发展目标、基于企业宗旨而实施的人力资源政策。

坚决向优秀员工倾斜

在20世纪90年代,很多人还没怎么听过人力资源管理的时候,任正非就决定花2000万元请咨询公司给华为做薪酬架构梳理和重塑人力资源管理体系。

现在,"华为薪酬"这个关键词在搜索引擎上达到了惊人的数量!华为的薪酬,成了职场人追逐的高额数字,也成了最热门的话题。

华为公司员工的报酬构成

华为将报酬分为两大类,即外在激励和内在激励。

外在激励主要是由基本工资、固定奖金、现金津贴、浮动收入、长期激励和福利待遇共同组成的以金钱形式给予报酬的全面薪酬;内在激励体现在工作内容、文化氛围和工作生活平衡度上的精神方面的感知。这些激励具体是工作内容的挑战、培训发展的机会、文化氛围的和谐、公平透明的机制、同事的互助友爱等一系列非物质方面的因素。

2019年7月23日,媒体报道华为总裁办发布的《关于对部分2019届顶尖学生实行年薪制管理的通知》中写道:华为公司要打赢未来的技术与商业战争,技术创新与商业创新双轮驱动是核心动力,创新就必须要有世界顶尖的人才和顶尖人才充分挥发才智的组织土壤，我们要用顶级的挑战和薪酬去吸引顶尖人才，今年我们先从全世界招进 20~30 名"天才少年"，后逐年增加，以调整我们队伍的"作战能力结构"。经公司研究决定，对八位 2019 届顶尖学生实行年薪制。据文件显示，实行年薪制管理的这 8 名人员全部为 2019 年应届顶尖学生，其年薪最低为 89.6 万元，最高为 201 万元。

华为公司的长期激励——股票认购

对留住员工影响最大的薪酬组成项属于长期激励，即股票认购。在每个财年开始之际，华为各个部门的高层管理人员开始确定新的年度符合认购股票资格的员工名单。

确定标准需要的维度是员工的入职时间、总工作年限、现岗位工作时间、岗位级别、上年度业绩表现、团队合作度和员工总评价，最终会确定符合条件的员工和可以购买的股票性质以及股权数。

新进员工（**需要一定的级别**），即入职必须满一年的员工即可享有华为的内部职工股权，员工可以根据自己的意愿进行购买、套现或放弃。

华为提供内部股的多种购买形式，员工除了可以使用现金购买，还可以用奖金认购，也可从公司无息贷款，三者选其一。

对于工作年限比较久且业绩比较好的员工，奖金和股票分红收入相比一般员工而言会较高。

华为内部股的发放配额并非是固定不变的，通常会实时根据能力、责任心、付出、工作主动性、风险担当等因素做定期动态调整。

在华为的股本结构中，30% 的优秀员工可享有集体控股，40% 的骨干员工按照一定的比例控股，10% 到 20% 的其他级别员工和新入职员工只能视具体情况适当参股。

华为公司的薪酬机制

华为公司的薪酬机制明确定岗定责、定人定酬。

华为公司对员工岗位的分配是严格按照岗位说明书进行的，以确保人岗匹配。

工资分配采用基于能力的职能工资制，对岗不对人，支付与员工岗位价值相当的薪水。

奖金的分配与部门和个人的绩效改进挂钩，多劳多得，以此来调动员工的积极性和主动性。

华为公司的薪酬支付

目前市场上薪酬支付通常有两种比较合适的方式，分别是按岗定薪和按人定薪。

按岗定薪有以下几个特点。

（1）通过提高薪酬成本的可预测性来提供成本控制的有效性。
（2）性质相同或者类似的岗位的薪酬可以互相参考。
（3）为了让员工薪酬有明显增长，必须提升员工的级别或者转岗。
（4）管理方式比较传统。

相比较而言，按人定薪更适合现代化企业的应用，它的优点有以下几个。

（1）能够最大限度地激励员工获取更多的技能，承担更多的职责。
（2）需要实行以技能、宽带为基础的薪酬和绩效管理与之匹配。
（3）管理方式相当灵活。

华为公司目前在薪酬支付方面将两种方式结合在一起进行管理，对于公司来说不会起决定性作用的岗位会采用比较简单的按岗定薪，对于研发岗位和销售岗位会稍微偏向按人定薪。

另外，华为对于不同形式报酬的具体分配是有规律的，会按照级别来制订薪酬结构：从大的层面来看，公司人员共分为四个级别，即操作人员、专业技术人员、中层管理人员和高级管理人员。这四个级别的薪酬项配比如下。

- 操作人员的固定收入占年总收入的90%，无股金。
- 专业技术人员的固定收入占年总收入的60%，浮动收入占25%，股金控制在15%。
- 中层管理人员的固定收入为年总收入的50%，浮动收入为30%，股金为20%。
- 高层管理人员的固定收入占年总收入的40%，浮动收入为20%，股金为40%。

实践证明，这个分配比例是比较科学、合理的，既能够用灵活的长期激励机制留住高层管理人员，同时短期激励对于新员工又有很大的鼓励作用，最大限度地充分调动全体员工的积极性。

华为公司薪酬管理的业绩目标

华为业绩指标考核主要分为强调公司、团队的业绩和强调个人的绩效。华为在操作上也是将两者结合起来，充分调动员工的积极能动性。

华为的考核分为员工个人考核和团队考核。两个指标彼此联系却又相互独立。虽然员工个人的考核是与团队考核联系在一起的，但是团队的评分不一定代表个人的评分。比如说某个团队得了一个低分，就意味着团队的平均水平是较弱的，但是团队中某个人评分可能在全公司是突出的。

在华为，每个员工都要在年初的时候制订一个绩效目标，到了年中会有回顾和反馈动作。如果员工哪里做得不太好，他的直属上司会进行不定期的辅导和修整。到了年中，绩效结果的好坏就决定了奖励的多少。

华为的绩效管理是由上至下的，上司直接对下属做绩效考核，而下属又需要及时与上司沟通。考核目的不仅仅是与激励机制挂钩，更多的是与能力发展计划挂钩。

华为公司薪酬的考核方式

华为薪酬考核主要采用PBC方式。

PBC考核以协议书落地，协议书包括以下三大部分。

（1）业务目标：分为关键指标KPI和关键任务。关键指标KPI是常规性指标，包括营收、开拓、品质、安全等指标，体现为结果性指标的分解。关键任务是动态性指标，是对关键指标KPI的补充和完善。

（2）管理目标：签订 PBC 协议的如果是一个团队，那么团队负责人就必须设置团队的管理目标。

（3）个人发展目标：应在企业管理者的协助下设置，指标总数 2~4 个。这个目标仅作为参考目标，但所有员工均要求设置。

华为公司的基本薪酬政策

在薪酬政策上，通常有三种代表方式。

（1）全年领先市场水平。
（2）前半年领先市场水平，后半年滞后市场。
（3）全年滞后市场水平。华为秉承着一贯的重金聘用原则，在调薪时完全领先于市场水平。

任正非说：我们在报酬方面从不羞羞答答，坚决向优秀员工倾斜。

华为薪酬策略设计的组件可以直接借来使用，但是在具体的运用上，比如薪酬定位，华为会用高于市场 75 分位的薪酬来做对标，其他公司当然要根据目前企业的发展阶段来定出比较适合的市场分位值。

在薪酬构成上，如果公司还未上市，无法以股票认购作为长期激励提供给员工。在薪酬政策上，要根据公司目前的经营状况来决定实施的薪酬水平是应该领先于市场还是滞后。

总之，华为薪酬策略制定的方法和框架可以直接借鉴并使用，但是结果没有必要跟华为的一模一样，要因地制宜。

好的薪酬管理，作用斐然

薪酬管理对企业的作用主要体现在如下几个方面。

（1）薪酬管理是企业战略落地与寻求发展的必然手段。

（2）薪酬管理是维持企业职级明确、组织清晰的重要保障。

（3）科学合理的薪酬体系能建立企业循环激励机制，有利于组织优化。

（4）合理调整薪酬体系有利于企业制定人才策略，吸引优秀技术与管理人才加盟。

（5）薪酬管理是"务实＋创新"的过程，使企业扩大业内影响，在行业间具备一定竞争力。

管理箴言

任正非说：我们在报酬方面从不羞羞答答，坚决向优秀员工倾斜。

从绩效考核升级到绩效管理

人们都说华为的成功主要是因为"会分钱",那么,在"分钱"之前,华为的绩效制度是如何建设的呢?绩效是每个企业都头痛的课题,而在华为,绩效制度不仅不让人头痛,还让人津津乐道。

华为绩效制度建设的主要板块

华为的绩效考核基于绩效制度的有效建立。在华为三十多年的企业发展过程中,经过了三个阶段的摸索、升级,形成了如下制度体系。

(1)绩效考核体系
(2)职位评价体系
(3)任职资格体系
(4)累计贡献回报体系
(5)能力评价体系
(6)态度评价体系

从现实中来看,企业多是有绩效考核体系、职位评价体系、任职资格体系,间或会有能力评价体系,但累计贡献回报体系、态度评价体系并不多见。

从累计贡献回报体系可看到，华为对可持续发展和对企业"贡献"（即多打粮食）的考核，一是始终贯穿企业存在的目标，二是不因一时的业绩弱而放弃好的"奋斗者"。

从能力评价体系能看到华为不"以人为本"或者"唯学历"，而是重视人的能力（华为不只建设人才中心，还建设能力中心）。

至于态度评价体系，企业众说纷纭，我们认为用一定的态度评价来丰满企业的绩效制度是可取的。

华为绩效制度建设的进化历史

华为的绩效制度建设经过以下三个阶段。

（1）人事考核阶段：1995~1997年。
（2）绩效考核阶段：1998~2001年。
（3）绩效管理阶段：2002至今。

从绩效考核到现在的绩效管理，从两个字的变化中我们看到了华为绩效制度的升级与完善。

华为绩效制度建设的目标设立特点

华为在设立绩效考核目标之前有两个非常有意思的概念实施，来促进目标对接企业发展得更加有效。

1."戴帽子"。

即把任务分解给区域和产品线，把目标设置为统一的要求，直接放到每一个产品线和每一个区域上。

从这里可以看出华为是集中管理形式，统一进行目标设置与分解，这样能保障目标、绩效、考核等始终是围绕着战略来运转的。

2."拧麻花"。

即用公司内产品线和区域一起分解目标，同时还给予相应的奖金包，使得产品线在推广自己的新产品时能够向区域设立奖金包，等到区域拿到奖金包后就有了推广新产品的动力，而且区域还会向产品经理要求优化产品的某些方面。

简单说，就是设立一个共同目标。不同的部门之间有奖金包，可以作为互相交叉的激励机制。

这种横向的部门间的奖金包是华为公司非常有特色的奖金机制，可以形成新品发展驱动力，提高区域战斗力。"拧麻花"让企业的各部门目标拧成一股绳，促进战略目标实现。

华为绩效制度特点一：由工资倒推任务

很多公司做预算时一直给员工安排任务，这就等于"逼着"员工去做。

华为的做法恰好相反，只有一个规定：首先给员工一个工资包，他想拿多少工资，按比例倒推出他的任务。例如：给员工500万的工资包，他拿的工资是30万，必然为这30万去想办法完成绩效。

华为强制规定必须给核心员工加工资，从而倒推他要完成多少收入。每年完成任务后，依据完成情况给员工加相应工资。此外，即使部门做得再差，也要整体涨工资，不过可以减人。

华为绩效制度特点二：人均毛利100万的指标

华为首先将毛利分成六个"包"：研发费用包、市场产品管理费用包、技术支持费用包、销售费用包、管理支撑费用包、公司战略投入费用包。

之后要找到这六个包的"包主"，让"包主"根据毛利来配比下面需要几个人。

人均毛利在任何企业都是唯一的生存指标。若人均毛利35万元，其中60%即21万元是人工成本，25%是业务费用，15%是净利润。

华为之所以一定要实现人均毛利100万元的目标，源于华为规定员工必须拿到28万元的固定工资。

华为绩效制度特点三：减员，也要增效

减人增效是华为绩效管理的首要目标。

华为人力资源部确定招聘人员的时候，第一是一定要搞明白为什么要招这个人？第二是他独特的贡献是什么？第三是能不能把这个岗位给别人做，给别人加点工资？

在华为，一个部门经理第一年的任务就是精简人员，将很多岗位合并。

华为绩效考核的基本程序

绩效管理包括绩效计划、绩效辅导、考核及沟通反馈、考核结果及其应用四个阶段。

1. 绩效计划阶段：对绩效目标做出承诺的阶段。

初期，主管与员工结合当前的工作重点，经充分沟通，共同确定员工的绩效目标与改进点。绩效目标的设置是牵引整个工作前进的关键！

在具体内容上，绩效考核目标包括以下三个方面。

（1）绩效目标：指员工从功能部门主管和项目主管处分解的工作目标，当面对一项大的工作时可以列出阶段性工作目标。

（2）关键工作：指员工为达到绩效目标必须做的工作，关键工作必须是明确和有时间限制的。

（3）团队协作：指建立良好团队来促进达成绩效目标和完成关键工作。

2. 绩效辅导阶段。

主管需辅导员工以达成绩效目标，同时收集及记录员工行为、结果的关键事件或数据。在该阶段主管应注重在部门内建立双向沟通制度，包括周、月例会制度，周、月总结制度等，事实记录是考核者对员工进行评价的重要参考依据。

3. 考核及沟通反馈阶段。

主管在季度末或年末综合收集到的多方面信息，需考虑所有的相关投入（包括员工的最终结果、表现与最终结果的关系、同等或相近工作职责与工作承诺的员工行为等方面比较），客观公正地评价员工，并在经过充分准备后就考核结果与员工沟通。

PDT主管需要根据员工项目目标的达成情况写出考核意见，当员工全职在该项目中工作时，PDT主管可以根据考核等级的定义给出建议的考核等级，由功能部门主管在充分考虑PDT主管意见的基础上给出最终考核结果。

4．考核结果及其应用阶段。

考核结果及其应用阶段各等级的参考定义如下。

（1）杰出：各项指标远远超出了初期共同承诺的目标，并且最终结果对组织的目标具有明显的积极影响。

（2）良好：各项指标都达到承诺要求，部分指标超出了初期共同承诺的目标。

（3）正常：各项指标都达到承诺要求。

（4）需改进：部分指标未达到承诺要求，需要及时、大幅度和持久地提高。

考核等级比例要求如下。

（1）项目阶段考评结果严格按照项目各阶段的预定目标达成情况做评价，比例仅作参考，不作严格限定。

（2）基于季度、年度的考核结果按正态分布要求——杰出：0%；良好：40%；正常：45%；需改进：5%。

具体操作可按照以下方式进行。

（1）根据部门组织绩效的考核等级确定该部门的考核等级分配比例是否需调整。

（2）根据员工的绩效目标达成情况与衡量标准进行比较，确定员工的考核等级。

管理箴言

主管需辅导员工以达成绩效目标，同时收集及记录员工行为、结果的关键事件或数据。在该阶段主管应注重在部门内建立双向沟通制度，包括周、月例会制度，周、月总结制度等，事实记录是考核者对员工进行评价的重要参考依据。

研发人员胜任的必备素质

持续创新是华为公司30多年来生存和发展的根本。华为公司坚信尊重和保护知识产权是企业持续发展的必由之路并一直在加大研发投入以及加强对知识产权的保护。

2019年华为公司研发费用为1317亿元，近十年累计投入研发费用超过6000亿元！占销售收入的15.3%！

2019年华为公司全球从事研究与开发的人员约9.6万名，约占公司总人数的49%！华为每年的研发费用占营收的10%，有的年份甚至达到15%，这么一大笔费用需要非常优质的研发人员去实施，并取得领先的研发成果。那么，华为优秀研发是什么样的？华为9.6万名研发人员的素质模型又有哪些内容？

素质模型六大方面

华为研发人员的素质模型主要分为思维能力、成就导向、团队合作、学习能力、坚韧性和主动性这六大方面。

华为优秀的研发人员成就了华为的"专利王"称号，这些都得益于华为的研发人员素质模型对全球优秀人才的招揽与应用。

思维能力

思维能力包括个人对问题的分析、归纳、推理和判断等一系列认知活动，它主要包括分析推理和概念思维两方面。分析推理就是在理解问题时将其分拆成更小的部分，通过一步一步符合逻辑的演绎，排除不相关的资料，找出事物发生的前因后果，也被称作演绎推理、分析思维、纵向思维以及实践智力等。概念思维就是运用已有的概念和理论作归纳性推理，这种思考问题的方式是将分散的信息综合在一起，从中看出它们之间的联系，找到事物背后隐藏的问题或存在的模式，也称作模式认知、悟性、批判性思维等。

分析推理最常见的行为指标包括以下几点。

（1）不能准确而周密地考虑事物发生的原因，或者不能根据已有的经验或知识对当前面临的问题做出正确的判断。

（2）将一个复杂的问题分解成不同的部分，使之更容易把握，根据经验和常识迅速发现问题的实质。

（3）发现事件多种可能的原因和行为的不同后果，或找出复杂事物之间的联系。

（4）恰当地运用已有的概念、方法、技术等多种手段找出解决问题最有效的方法。

任正非提到现在的华为进入了"无人区"，没有经验借鉴，没有前人指导，只能自己摸索与突破。在"无人区"的突破与开发中，研发人员必须有自己的思考与判断。任正非在多次访谈中提到 AI 技术是未来，想要制造有"思维"能力的 AI 设施，研发人员只有靠自己的强大思维能力来取得突破。

成就导向

成就导向是指个人具有成功完成任务或在工作中追求卓越的愿望。具有高成就导向的人希望出色地完成他人布置的任务，在工作中极力达到某种标准，愿意承担重要且具有挑战性的任务。这种人在工作中有强烈表现自己能力的愿望，不断地为自己设立更高的标准，努力不懈地追求事业上的进步。在工商界，高成就导向的人表现为要做出比别人更好的业绩，不满足已取得的业绩，完成工作之后为自己设立更高、更具有挑战性的目标，在产品开发或服务中有超过竞争对手的动机和决心。成就导向表现为个人关注后果、效率、标准并追求改进产品或服务，在组织中力求资源使用最优化。成就导向是企业家精神中最重要的成份。

在华为公司的研发员工身上，成就导向表现出以下几种倾向或行为。

（1）安于现状，不追求个人技术或专业修养方面的进步，或在产品开发中不尽力达到优质标准。

（2）努力将工作做得更好，或达到某个优秀的标准。

（3）想方设法提高产品性能或工作效率，为自己设立富有挑战性的目标，并为达到这些目标付诸行动。

（4）在仔细权衡代价和利益、利与弊的基础上做出某种决策，为了使公司获得较大利益甘愿冒险。

任正非经常提到"将军"一词，华为的机制允许非常优秀的人士跃迁到"将军"层级。华为未来几年要再造一两个华为，只要员工愿意在事业上有突破、有成就，华为的空间还是非常巨大的。

团队合作

团队合作是指个人愿意作为群体中的一个成员，与群体中的其他人一起协作完成任务，而不是以单独或采取竞争的方式从事工作。这里所谓的团队就是为了实现某个或某些目标而共同工作的群体，它可以是一个部门内部产品开发小组或营销小组，也可以是为满足顾客需要而结合成的跨部门的工作群体。

在华为公司的研发员工身上，团队合作表现为以下四个水平。

（1）在工作中单独作业，不与他人沟通。

（2）愿意与他人合作，愿意与群体中的其他成员共同交流，分享信息和知识。

（3）愿意帮助工作群体中的其他成员解决遇见的问题，或无保留地将自己掌握的技能传授给其他成员。

（4）主动与其他成员进行沟通，积极寻求并尊重他人对问题的看法和意见；或鼓励群体中的其他成员，从而促进群体成员之间的合作或提高群体的合作气氛。

学习能力

学习能力就是在工作过程中积极地获取与工作有关的信息和知识，并对获取的信息进行加工和理解，从而不断地更新自己的知识结构，提高自己工作技能的能力。学习能力强的人往往对事物具有较强的好奇心，希望对事物有比较深入的了解，善于利用一切可能的机会获取对工作有帮助的信息，对于自己专业方向上的最新发展和动向比较了解，并能够意识到这些最新的方法或技术对于自己从事的产品开发或整个产业可能产生的影响。

学习能力大致有以下几个层次的表现。

（1）在专业上停滞不前，不愿意更新自己的知识结构，在工作中不注意向其他人学习。

（2）在工作中，愿意并善于向其他同事学习。

（3）从事自己不太熟悉的任务时，能够钻研资料，获得必备的工作知识或技能，从而尽快适应新的工作要求。

（4）深入地了解当前最新的知识和技术，并能够意识到它们在产业界的应用。

现如今，产品迭代非常快，这促使研发人员的学习能力要非常强。

坚韧性

坚韧性是指能够在非常艰苦或不利的情况下，克服外部和自身的困难，坚持完成从事的任务。具有强大坚韧性的人能够在受到挫折的情况下控制自己的不良情绪，使自己不会采取消极的行动，面对他人的敌意时保持冷静和稳定的情绪状态，能够忍受艰苦的工作条件和较大的压力，使工作业绩不受外界压力、挫折和个人消极情绪的干扰，在不利的情形下没有怨言和恶意，看到事物积极的方面，即便受到他人的反对也会按照自己的意见和计划坚持将事情做下去。坚韧性也可以称作耐受力、压力忍受力、自我控制力和意志力等。

坚韧性常见的行为表现描述包括以下几种。

（1）经受不了批评、挫折和压力。

（2）面对挫折时克制自己的消极情绪（如愤怒、焦急、失望等）

或保持情绪的稳定。

（3）在比较艰苦的情况下或巨大的压力下坚持工作。

（4）有效地控制自己的压力，通过建设性的工作解除压力。

华为有些产品的研发周期长达数年，如鸿蒙系统从 2003 年左右就开始启动了，到现在已经十多年，若没有坚韧性，产品研发可能早就中断了。

_ 主动性

主动性是指个人在工作中不惜投入较多的精力，善于发现和创造新的机会，预知到事件发生的可能性，并有计划地采取行动以提高工作绩效，避免问题的发生或创造新的机遇。主动性也被称为决断力、策略性的未来导向和前瞻性等。

主动性大致有以下几个层次的表现。

（1）不会自觉地完成工作任务，需要他人督促，不能提前计划或思考问题，直到问题发生后才能意识到事情的严重性（从对优秀员工的访问中，没有发现能够说明这个层次的行为事例）。

（2）自觉投入更多的努力去从事工作。

（3）及时发现某种机遇或问题，并快速做出行动。

（4）提前行动，以便创造机会或避免问题发生。

_ 研发人员素质，映衬到产品素质

作为高科技企业，华为的高研发费用中相当一部分是研发人员的薪酬与激励。一个企业的核心竞争力到底是什么？众说纷纭，但"优秀的人才开发出来的优质好产品是企业的核心竞争力"应该没人反对。所以，好的研发员工研发出好的产品就是企业长青的秘密。

管理箴言

华为研发人员的素质模型主要分为思维能力、成就导向、团队合作、学习能力、坚韧性和主动性这六大方面。

从新人到专家，
华为培养研发人员的成长机制

华为坚持每年将 10% 以上的销售收入投入研究与开发。

华为为此培养和打造了一支全球化、竞争优势超群的庞大研发技术队伍。这为华为持续保持全球通信领域的核心竞争优势和在残酷市场竞争中保持相对优势提供了强大的源动力。

纵观华为研发人员的管理模式可以发现，一流的组织结构模式打造了一流的研发人才培养平台，研发人员的胜任素质模型为其甄选了优秀的研发人才。

华为研发人员有较完善的成长机制

完善的任职资格体系疏通了研发人员的职业发展之路，科学合理的考核方法保证了研发队伍中既团结又竞争的公平评价，高效的激励政策保持了研发人员不断创新的斗志。

需要特别注明的是，研发最怕的就是骨干的流失，而华为的持股激励机制能建立员工对公司的认同感、归属感，激发内心的积极性。

研发人才培育机制

华为在研发人员内部推行职业训练与职业牵引,使得研发人员能迅速成长起来。华为通过设计专门针对研发人员的培养体系,牵引其系统、全面地提高技术能力。

华为通过外请专家进行系统化技术培训,帮助研发人员了解相关领域最新技术知识,开阔眼界。

华为通过内部培训机制,组织研发人员定期演讲,交流知识经验,加强内部交流;同时建立内部导师制度,并将新人的成长成果纳入对导师的考核指标中,加强其传、帮、带意识。

1. 研发培训课程体系设计。

培训课程包括适应性培训与提高性培训两大类,并提供系统化的培训、培养举措。

适应性培训——促使每一个角色适应现有岗位,课程体系主要包括:角色意识、岗位职责与关键行为、工作方法与技能三个部分。

提高性培训——为需要向高层次发展的员工提供素质技能提升的机会,课程包括更高级别的、相关领域的套餐培训等。

2. 研发人员的思想导师制。

华为对新进公司的研发人员采用新员工导师制,部门负责人指定一位技术能力强的老员工作为导师,一对一负责新进人员的技能提升及对文化、制度、流程上的适应,并定期与其交流,使其有效地吸收公司的经验与文化,加快其成长速度。

研发人员激励机制

据中智咨询 2017 企业研发人员调查报告显示，在被调查的企业中，大部分企业研发人员的激励效果不尽人意。整体来看，总监层短期激励定位在 50 万元以下的企业占 45%，专家、资深研发技术人员短期薪酬激励定位在 30 万~50 万元之间的占 38%。

而在华为，研发人员的激励让人欣喜：52% 的员工是持股的，而研发员工基本上是 100% 持股。

华为根据研发人员所在职业生涯的不同阶段，对其激励方式也不同，如下。

1．实习期阶段。

首选策略为薪酬激励，次选策略是个人成长与发展，备选策略按重要程度由高到低分别为环境激励、决策参与、产权激励。这些激励促使华为成为国内绝大多数重点大学电子信息、计算机类专业优秀毕业生的首选单位。

2．过渡期阶段。

按重要程度和被采用的频次由高到低依次为个人成长与发展、薪酬激励、环境激励、决策参与激励、产权激励。这些激励使许多优秀研发人员"跳槽"加盟到华为。

3．发展期阶段。

按重要程度和被采用的频次由高到低依次为环境激励、个人成长与发展、决策参与策略、薪酬激励、产权激励。华为通过内部创业与晋升激励的"金枷锁"牢牢锁定大量优秀人才不外流。

4．稳定期阶段。

按重要程度和被采用的频次由高到低依次为决策参与、环境激励、薪酬激励、个人成长与发展、产权激励。华为创造条件积极引导研发人员参与公司决策。

研发人员发展机制

1．建立针对研发人员要求的发展空间环境支持系统。

根据研发人员特点，制订完整的个人发展空间计划，结合业务发展为其设计切实可行的职业发展通道，促使研发人员逐步实现职业发展计划。

2．双重资格晋升制度确保个人职业发展通道畅通。

华为研发人员的发展通道为多通道晋升模式，员工至少可选择两条职业发展通道。

研发人员具备三级专业技术级别资格后可以选择管理通道发展，也可以继续选择技术通道发展。

管理三级对应专业技术四级，同时，"管理者"和"技术专家"之间设置岗位互动通道，以保证优秀的研发人员随时尝试新角色、新挑战来实现自身价值。

华为公司建立的技术等级晋升制度不断地实行技术职称晋升激励，以保证研发人员随着自身知识与经验的积累而获得相应的权利和地位，这些权利和地位包括：随着技术职务的晋升将不断获得良好的工作环境；配置较好的研发设备和较齐全的资料；对那些技术能力强又有领导管理才能的研发人员委以重任。

因此，除了个别外聘的"特殊人才"外，华为管理者一般均是从优秀的专业骨干中选拔产生的，这样可以最大限度、科学合理地充分提拔和保留经验丰富的研发技术人才。

华为研发人员技术发展通道机制

华为研发人员的任职资格标准中有详细的任职说明，如下表所示，使其能了解每个级别的能力要求、学习内容以及绩效改进的方法，激发自我发展动力，为达到个人职业发展目标而不断努力。

华为研发人员任职资格标准表

职位	级别	角色描述（示例）
基层研发人员	一级	具有本领域的基础知识和必要的技能；在适当指导下，能够独立完成多项日常本领域活动，且效果良好
基层研发人员	二级	具有本领域较全面的知识和实践技能；能够独立、熟练、成功地完成某一项本领域业务，且效果良好
研发骨干	三级	具有本领域的基础知识和较全面的实践技能；对2~3项本领域子业务有专长，能够独当一面，承担并保证该业务的支撑活动和决策支持工作的顺利开展，促进本项业务目标的达成；能够指导他人工作
研发核心骨干	四级	精通本领域的知识，具备综合应用的技能；对3~4项本领域子业务具有较强的影响力和宏观控制能力，能够通过有效运作来解决业务中复杂的、重大的问题；能够指导他人工作

续表

职位	级别	角色描述（示例）
研发专家	五级	精通本领域的知识，具备综合应用的技能；对4~5项本领域子业务具有较强的影响力和宏观控制能力，能够准确把握本领域的发展趋势，具有引导和协调跨地域、跨部门的业务能力，对业务运作过程中的复杂问题可以给出专家级的意见和解决对策；能够指导他人工作
研发资深专家	六级	能够洞悉本领域的发展方向，并提出具有战略性的指导思想

华为任职资格管理体系将公司的目标使命化，建立了以责任制、员工能力、贡献为核心的任职资格标准，完善相应评价手段和价值分配机制，通过将公司目标与员工个人需求捆绑在一起，将公司整体目标内化为员工个人的使命和责任，员工自然会积极努力。

研发，华为之根

华为公司近十年投入研发费用总计超过6000亿元人民币。华为公司在财报中披露，2019年从事研究与开发的人员已达9.6万名，约占公司总人数的49%，公司将持续加大面向未来的前沿技术探索和基础研究投入，每年投入约30亿至50亿美元。华为有约15000人从事基础研究工作，其中包括700多位数学博士、200多位物理和化学博士、5000多位工学博士。

这些，都需要好的研发人员培养体系来做长久、有效的支持。也正是有这样的研发队伍，使华为2019年在全球持有超过8.5万件专利，其中90%都是发明专利，2019年华为在欧盟专利申请量达到了 3524 件，位列第一。

从这里我们也看到了，只有好的研发人才培养，才能成就好的、领先的产品，从而实现企业真正的可持续发展！

管理箴言

在华为，研发人员的激励让人欣喜：在华为公司 52% 的员工是持股的，而研发员工基本上是 100% 持股。

Chapter 4

第四章

真华为干部如何领导"士兵"、培养"英雄"、选拔"将军"

任正非的"一桶糨糊"

虽然现在任正非在华为的股份只占 1.04%,但是其在华为的影响力不只停留在意见领袖上,其卓越的领导力始终引领着华为奋斗向前。

任正非已是荣誉等身。《世界经理人》曾经评选出 15 年间对中国管理影响最大的 15 人,任正非赫然在列。当时评价是这样的:华为在国际市场上的势不可挡以及由此带来的成功,为任正非赢得了媒体的尊敬。

任正非不只是受到媒体的尊敬,对于中国本土企业家而言,其领导力更应是我们研究的范本、学习的榜样。

_ 发掘企业的核心价值观

我通过长期在营销战线从事企业营销与管理顾问,以及多年对全球及国内标杆企业的深入了解,发现企业家无论有无营销背景,能像任正非一样如此重视、强调与践行"以客户为中心"的并不多见。

有教授专门评价华为及其他的一些国际巨头企业:到了企业发展巅峰以后,一些巨头其实在实际工作中很难再以客户为中心了,从而出现衰败或被超越。像华为如此坚持的非常少,不断刷新人们对优秀企业的认知。

以客户为中心，不是以企业家的野心为中心，不是以抢夺份额、肆意竞争为中心，不是以眼前利益为中心。人们在"以客户为中心"面前，可以围绕其制订明确的目标、任务、计划，各部门围绕一个目标进行协同合作，朝着一个目标努力前进与奋斗，工作压力可以分担到不同的"猴子"身上，这才是一个良性的企业经营状态。

所以，任正非一再提道：我自己不懂技术、产品、营销、财务，只是用一桶"糨糊"，将大家粘在一起，朝着一个目标共同奋斗。而这"以客户为中心"的价值观，应是其"糨糊"中最重要的部分。

形成企业的正确管理哲学

任正非说：一个领导人最重要的素质是方向、节奏。坚定不移的正确方向来自灰度、妥协与宽容。清晰的方向是在混沌中产生的，从灰色中脱颖而出，方向是随时间与空间面变化的，它常常会变得不清晰，并不是非白即黑、非此即彼。

为阐释灰度管理，《中国企业家》曾经刊登的《任正非总结华为成功哲学：跳芭蕾的女孩都有一双粗腿》中指出：我们不能形而上地认为世间的事物是有你没我、非白即黑的；在一定条件下黑白可能互相转化，黑可能变成白，白亦可变黑。所以，那种极端的、绝对化的、一成不变的观点都是不正确的。

灰度，其实是华为最重要的管理哲学。这已经在《华为基本法》中得到了重要体现。

从另外一个角度来看，这也是管理为经营服务的精准诠释，管理是趋同的、趋规范的、趋唯一标准答案的，但经营因背景、条件、因素的不确定性，其路径不一定是唯一直线型答案，过程可能会有迂回、曲折等。如果管理是为经营服务，那么就要认同灰度的存在，并且要有从灰度中走出来、从混沌中突破的经营管理能力。

深入思考且具远见卓识

任正非说：我太太曾经问过我到底爱什么？我说我爱文件。为什么爱文件呢？我说，文件里面充满了哲学、逻辑，文件写出去、发出去以后，三五年大家都没有看到有什么影响，但三十年后一看，这个公司队伍走得那么整齐，这就是哲学、逻辑和管理带来的东西。

有华为员工这样理解：在长期的时间线上，文件是思想的记录，是文化演进的里程碑，但短期内未必能真正推动统一理解和执行，可能会有断章取义、众解不一的现象。而且企业管理哲学、逻辑也是在批判和自我批判中发展的，渗透到公司文化里又需要更多的配套机制和经营管理制度。

任正非在企业未来发展上引领员工共同革新文化。在"2021年金牌员工代表座谈会"上，任正非就对金牌员工提道："华为像蛭形轮虫一样是单基因文化，需要多基因的冲突、融合产生突变，这些突变有利于潜力的爆发。"

从这里可以看到，任正非的领导力在于现在所思考的、所能影响的，可能未来三十年还在起作用。企业决策者须有深入思考的能力，从中洞察环境、竞争、企业本身，明了企业发展的逻辑与路径，从而能给企业未来指明方向、形成机制、确立规章制度、凝聚成文化，实现生生不息的企业发展可能。

_ 传递愿景，形成奋斗精神与力量

任正非说：我个人谈不上伟大，我是个普通人，什么都不懂，什么也不会，只能借助比我更专业和更有能力的人。我们不懂管理，就花钱请管理咨询专家来帮助我们。我对具体业务不清楚，日益远离经营，甚至远离管理……直到看了田涛和吴春波写的《下一个倒下的会不会是华为》才知道华为曾经发生过这么多事。我什么都不懂，就懂将一桶"糨糊"倒在华为人身上，将十几万人粘在一起，朝着一个大的方向拼命努力。

能让大家朝一个方向拼命努力，这就是卓越领导力的表现。领导除了远见卓识，还需要让企业人员形成"内驱力"，朝着一个方向努力与奋斗，就像任正非所说的：熵散，企业越大，内耗越大，活力越不足，"三十年河东，三十年河西"，企业总是面临各种新的问题与关口。

任正非曾在内部讲话中指出：华为公司需要新生，我们的组织、结构、人才……所有一切都要变化。如果不变化，肯定不行。如果我们抛弃这代人，重新找一代人，这是断层，历史证明不可能成功，那么只有把有经验的人"改造"成新人，通过变化赋予新能量，承前启后，传帮带，才能使新的东西成长起来。

_ 保持低调，谦卑服务

任正非说：2002年公司差点崩溃了，在IT泡沫破灭、公司内外矛盾交集的情况下，我无法控制公司的局势，大概有半年时间，我总是做噩梦，梦醒时常常哭泣。如果不是公司的骨干们在无尽的黑暗中点亮自己的心来照亮前进的路，公司早已没有了。

任正非曾经对企业文化进行过相关的表达：华为文化的特征就是服务文化，谁为谁服务的问题一定要解决。服务的含义是很广的，总的来讲是为用户服务……

任正非从不将公司的功劳挂在自己身上，除了服务客户还要为客户的客户服务，他从不接受采访，只在2019年公关部门的"诱导"下才出来面对媒体。这些，使华为所有人都能将精力、能力聚焦到以客户为中心、服务好客户上，加上发展方向正确，从而能够远离外界困扰，业绩节节攀升。

奠定企业发展基础

任正非说：我们留给公司的财富只有两样，一是管理架构、流程与IT支撑的管理体系，二是对人的管理和激励机制。

任正非认为，华为公司最珍贵的就是无生命的管理体系，这种管理体系是一个大平台，不管公司内的人怎么变，平台始终运转，华为仍会继续发展。

这个平台也是华为逐渐摆脱对人才、资金、技术的依赖，将华为人紧紧凝聚在一起的基础。

军人出身的任正非认为规则意识在军队管理中起到了很重要的作用，这也让他想到华为在管理上是否可以采取这种严格的制度化管理。他认为可以有轻松一点的工作环境，但绝对不能没有严格的制度来约束员工的行为。

2014年任正非表示：华为从1998年起邀请多家世界著名顾问公司先后开展了各类的经营管理变革项目，先僵化、后优化、再固化，经过十几年的持续努力，华为的管理变革与升级取得了显著成效，基本上建立起了一个集中、统一的管理平台和较完整的流程体系，支撑华为公司进入了 ICT 领域的领先行列。

　　任正非还认为，这些引入的管理方法论看似无生命，实则是有生命的。这些方法论的无生命体现在管理者终究会离开，而管理体系则会代代相传；它的有生命则在于管理体系会一代一代越来越成熟，并且每一代管理者都在给华为的体系添砖加瓦。基础牢了，整个企业大厦就稳了，风雨不倒。

▁ 心胸广远，合作开放共赢

　　任正非说：我们总有一天能量会耗尽，所以我们要做开放系统。在 2019 年，任正非多次提到可以开放 5G 技术，全球共赢！

　　任正非在"2015 华为人力资源委员会干部处人员座谈会"上曾提道："一个不开放的组织迟早会成为一潭死水。我们在前进的路上随着时间、空间的变化，必要的妥协是最重要的。没有宽容就没有妥协，没有妥协就没有灰度；如果不能依据不同的时间、空间掌握一定的灰度，那么就很难审时度势地做出正确的决策。"

▁ 洞察与掌握到最大的管理权是思想权、文化权

　　任正非说：思想权和文化权是企业最大的管理权。

　　任正非不只是掌控思想权、文化权，还通过各种方式将思想与文化落地。如历时三年的大讨论等落地机制，已经将《华为基本法》这本中国第一套企业管理大纲深入人心，内统一思想，外统一行动。

　　任正非在企业内部大力打造领导力系统，如华为干部领导力九条

包括关注客户、建立伙伴关系、团队领导力、塑造组织能力、跨部门合作、成就导向、组织承诺、战略性思维、理解他人。这些，就是多年领导力实施以及科学与艺术相结合的领导力建设所得。

---------- **管理箴言** ----------

任正非说：在2002年，公司差点崩溃了，在IT泡沫破灭、公司内外矛盾交集的情况下，我无法控制公司的局势，大概有半年时间，我总是做噩梦，梦醒时常常哭泣。如果不是公司的骨干们在无尽的黑暗中点亮自己的心来照亮前进的路，公司早已没有了。

华为为什么良将如云

任正非说：战争打到一塌糊涂的时候，高级将领的作用是什么？就是要在看不清的茫茫黑暗中发出微光，带着你的队伍前进，就像丹柯一样把心拿出来燃烧，照亮后人前进的道路。

有篇文章提问：华为为什么良将如云？或许，华为战略领导力素质模型下的领导干部培养可以说明。

干部管理体系搭建依赖于领导力素质模型

2005年，华为公司聘请国际人力资源咨询公司Hay做公司领导力的培养与开发、领导力素质模型的建立，为全球战略布局和领导干部队伍的持续战斗力提供支持，华为公司的战略领导力素质模型即产生于这个阶段。

历经多年，虽然华为的领导力模型早已根据新的战略布局、新形势发展做了一些适应性调整，但是华为公司战略领导力素质模型的三大方面——发展客户能力、发展组织能力和发展个人能力延续了下来，继续指导着华为公司的领导力培养工作。

华为的战略领导力素质模型如以下"太极图"所示。

发展客户能力
・关注客户
・建立伙伴关系

发展组织能力
・团队领导力
・塑造组织能力
・跨部门合作

发展个人能力
・成就导向
・组织承诺
・战略性思维
・理解他人

组织 / 客户 / 人

华为战略领导力素质模型

企业的人与组织，以何为中心

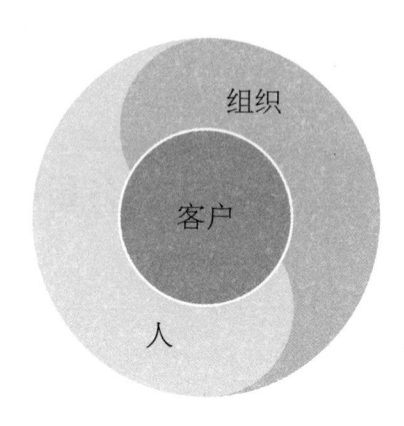

彭剑锋老师在与自己的员工及学生交流时，曾提到过这样一个现实：中国的前 100 位 HRD（人力资源总监），没有一个是中国人民大学劳动人事学院科班出身。彭教授一再告诉公司内咨询师们，管理咨询师要有经营思维。

其实，从这个"太极图"的核心要素来看，人与组织始终要以客户为中心。

发展客户能力

"以客户为中心"是华为公司的核心价值观，发展客户能力是最重要的领导力素质。

如何发展客户能力呢？华为公司认为主要有两点：关注客户以及建立伙伴关系。

1．关注客户。

释义：这是一种致力于理解客户需求，并主动用各种方法满足客户需求的行为特征。"客户"是指现有的和潜在的客户（**内外**）。

如何关注客户？华为公司认为有以下四个层级。

（1）响应明确的客户需求。
（2）解决客户的担忧，主动发现并满足客户未明确表达的需求。
（3）探索并满足客户潜在的需求。
（4）想客户所未想，创造性地服务客户。

"以客户为中心"是华为每个人必须遵守的核心价值观，当然领导也如是。另外，华为的领导者、管理者也要清楚地知道，管理是为经营服务的。

不少企业的领导者以管理职能为首要，华为却以经营职能为首要，这是一个很好的启示。

2．建立伙伴关系。

释义：这是一种愿意并能够找出华为与其精心选择的合作伙伴之间的共同点，并建立互利共赢的伙伴关系来更好地为华为的客户服务的行为特征。

同样，关于如何建立伙伴关系，华为公司也给出了以下四个层级的理解。

（1）对外开放，建立联系。
（2）开展对话。
（3）共同发展伙伴关系。
（4）寻求共识，实现双赢。

《华为基本法》撰写者之一吴春波教授说过，华为的 Logo 就是一个开放合作的标志。"深淘滩、低作堰"就是华为诚意合作的一种表现。

华为公司现在已经是世界通信设备巨头和标杆性企业，这与另一行业的世界巨头可口可乐公司很多年前就提出并实施的 GKP（黄金合作伙伴）理念如出一辙，从二者看，标杆性企业的经营管理理念是大同的。

发展组织能力

组织能力包括企业拥有的反映效率和效果的管理基础能力，这些能力可以体现在公司任何经营活动中。优良的组织能力是企业具备竞争优势的一个重要来源。

华为公司认为，发展组织能力离不开以下几点。

1. 团队领导力。

释义：这是一种运用影响、激励、授权等方式来推动团队成员关注要点、鼓舞团队成员解决问题以及运用团队智慧等方法领导团队的行为特征。

建设团队领导力有以下四种层级。

（1）任务式领导。

（2）设定高绩效团队的行为期望。

（3）授权团队。

（4）鼓舞士气，影响团队。

任正非不赞成个人英雄主义，他希望的是团队能力的实现，以及团队合作绩效的持续有效实现。

2．塑造组织能力。

释义：这是一种辨别并发现机会，以不断提升组织能力、流程和结构的行为特征。

塑造组织能力的四个层级如下。

（1）理解并执行组织流程，并识别需要改进的领域。

（2）指导团队。

（3）匹配人力资源，发现、培养后备干部。

（4）进行组织流程的重新设计，建立干部梯队，持续提升绩效。

任正非说，他的目标是将"任正非的华为"最终转变成"华为的任正非"，意思是个人能力最终要被组织能力取代。团队领导力就是将领导者的个人能力发挥出来，去实现团队的组织能力。

3．跨部门合作。

释义：这是一种为了公司整体利益而主动与其他团队合作、提供支持性帮助并获得其他部门承诺的意愿和行为特征。

以下是跨部门合作的四个层级。

（1）尊重他人，并贡献自己的观点。

（2）处理冲突，愿意妥协。

（3）主动理解其他部门需要，采取行动提供帮助，寻找双赢。

（4）整体利益最大化。

企业大了，企业病往往来自"部门墙"，部门之间不容易合作。"上午给其他部门制造麻烦，下午解决其他部门给自己部门制造的麻烦"。各部门只是围绕公司的总体目标实施自己的工作，不存在各自为政的思潮出现。这在《华为基本法》制定之前，任正非就提到过：……公司内部的思想混乱，主义林立，各路"诸侯"都显示出他们的实力，公司往何处去，不得要领。我请中国人民大学的教授们，一起讨论一个"基本法"……

对于一个企业而言，建立一种能使员工为实现企业目标而履行职责与工作的正式体制，并确定每个员工的活动和相应的责任，以及各项活动的关联规则是必要的。而建立科学、高效、合理分工、职责明确、制度健全的组织体系，是对领导能力的考验与挑战。

发展个人能力

毫无疑问，组织是由个体组成，个人能力的提升影响公司的发展。可口可乐公司通过机制让每个普通人都能培养出较好的个人能力，为组织做贡献。华润啤酒公司提倡：每个平凡的人都不简单，每一瓶酒才放光彩……让每个人发展能力，呈现好的结果，是一些头部企业领导力发展的重要内容。

在华为公司，领导要和员工共同成长与发展，要做到以下几点。

1. 理解他人。

释义：这是一种准确地捕捉和理解他人没有直接表露或只是部分表达出来的想法、情绪以及对其他人看法的行为特征。

理解他人的程度分为以下四个层级。

（1）识别情绪和状态。

（2）理解情绪和表达。

（3）理解真实意图。

（4）理解深层问题。

所谓领导，就是通过管理（计划、组织、指挥、协同、控制）他人而取得成功。所以，领导个人能力的发挥，首先体现在理解他人，进而领导他人来实现目标。真正成功的企业，领导者不一定要专业能力第一，如任正非所说：我什么都不懂，就懂一桶"糨糊"，把十几万人粘在一起，才有今天华为这么强大。

《华为基本法》撰写组组长彭剑锋教授多次表达道：华为对领导发展个人能力的首要要求是理解他人。

任正非提道：为什么黄埔军校门口写着"升官发财，请走别路"，而我们在非洲的口号是"升官发财请到非洲来"？因为黄埔军校是在解构一个社会，它本身不能创造财富，所以要求学员有使命感、奋斗精神，它没有物质激励，想要升官发财就不要去了。而我们现在是在建设一个"新社会"，为社会创造财富，也造福自己，同时有足够的资金，为什么不允许有志青年"升官发财"呢？从这里就可看出，领导要善于理解员工的思想，洞察员工的需求，"有"欲则刚，理解员工深层次的问题。

2．组织承诺。

释义：这是一种为了支持公司的发展需要和目标，愿意并能够承担任何职责和挑战的行为特征。

（1）努力融入组织。

（2）展现公司形象。

（3）认同及传播公司核心价值观，以实际行动支持公司。
（4）为公司利益做出牺牲。

任正非说：制定一个好的规则比不断批评员工更有效，它能让大多数员工努力分担你的工作、压力和责任。要在动力基础上健全约束机制，否则企业内部会形成"布朗运动"。希望领导在内部制定的规则有约束机制，不仅要有个人承诺，还要有组织承诺。

3．战略思维。

释义：这是一种在复杂模糊的情境中，用创造性或前瞻性的思维方式来识别潜在问题、制订战略性解决方案的行为特征。

（1）通过发展趋势来实施战略。
（2）运用复杂的理念去实施战略。
（3）深入浅出地去洞察战略。
（4）对业务重新构思或创造新的业务概念。

任正非说：思想权和文化权是企业最大的管理权。领导如果没有战略思维，那么就难以实现真正好的管理。

4．成就导向。

释义：这是一种关注团队最终目标，并关注可以为公司带来最大利益的行为特征。

（1）把事情做得更好。
（2）设定并实现挑战。

（3）做出成本、效益分析。

（4）敢于承担经过评估的风险。

"就是要多打粮食""烧不死的鸟，才是凤凰""队伍不能闲下来，一闲下来就会生锈""强攻 5G，一流的企业做标准"，这些任正非说过的话，都是华为成就导向的体现。

战略领导力素质模型，企业良将如云的管理基础

标杆企业的员工言行都是一样优秀。一个好的企业，员工像是从一个模子里刻出来的，说的就是以上这些"素质模型"。只有领导有模有样，员工与企业才会更有秩序地成长、发展。

管理箴言

任正非说：战争打到一塌糊涂的时候，高级将领的作用是什么？就是要在看不清的茫茫黑暗中发出微光，带着你的队伍前进，就像丹柯一样把心拿出来燃烧，照亮后人前进的道路。

华为如何培养和选拔"带兵打仗"的"将军"

2018年,华为公司成立总干部部。任正非说:未来华为公司人力资源管理总的体系包括人力资源体系和总干部部两个系统,他们不是对立的关系,而是两个分工各有侧重、相互协同的系统。在基层组织,两个系统可以融合,以提高效率与协同。

华为管理者的成长大致遵循"士兵"(基层员工)——"英雄"(骨干员工)——"班长"(基层管理者)——"将军"(中高层管理者)的职业发展路径。

那么,华为是如何培养干部的呢?

从成功实践中选拔干部并轮换

华为公司坚持"从成功实践中选拔干部",打造富有高度使命感与责任感、具备战略洞察能力与决断力、具有管控能力、崇尚战斗意志、具备自我牺牲和求真务实精神的干部队伍。

在《华为公司人力资源管理纲要2.0总纲》中提到了人力资源管理理念与实践体系,其中一条就是:由干部、人才与组织组成的要素管理体系明确了干部在华为公司商业成功与持续发展的以下关键要素。

（1）劳动是公司价值创造的主体。

（2）导向开放与熵减，持续激发个体创造活力。

（3）构筑公司核心价值观底座。

（4）形成自我批判的纠偏机制。

（5）打造价值创造的管理循环。

（6）形成了两种创造驱动力：精神文明＋物质文明。

（7）构建了三个创造要素管理体系：干部＋人才＋组织。

在华为，干部不是一个位子坐到底，一劳永逸的。华为公司高度重视中高层关键干部层的建设，把公司的关键岗位梳理出来，每三年这些关键岗位的领导就要进行岗位轮换。任正非说过：对于愿意成长的中高层干部，公司支持他的成长。华为公司的中高层领导都是如此，各种工作都要去干，不断去接受新的挑战。

引进人才的"黄金降落伞"计划

外部人才进入公司后，华为为了加速他们的融合，对于高级管理人才采用"黄金降落伞"（Golden Parachute）计划。

何谓"黄金降落伞"计划？即按照聘用合同中公司控制权变动条款对高层管理人员进行补偿，最早产生于美国。"黄金"意指补偿丰厚，"降落伞"意指高管可规避公司控制权变动带来的冲击而实现平稳过渡。

空降的高级管理人才的"死亡率"非常高，因为他们来自不同文化背景的公司，光是用股权将他们聚合在一起，管理难度就很大。

对此，华为用以下两种方法来降低他们的"死亡率"。

（1）给他们三个月的目标岗位薪酬。

（2）和与空降高级管理人才一起工作的相关"元老"沟通，让他们理解文化的差异。

高级专业人才的因人设岗计划

对于高级专业人才，华为公司多采用"因人设岗"计划。

管理会涉及文化的问题，技术并不会。如果空降到企业的人才当了管理层，那么可能会因为文化的差异而离职，若因为这个原因而失去这个人才，是很可惜的。

这时候，可以让他们从事技术类的工作，因为技术型或者专家型的工作不涉及文化的差异问题。

不要让空降的人才一开始就当管理者，可以先融合进来再当管理者，否则，这个人才很快就会离开。

大仗、恶仗、苦仗出干部

华为强调，一些在艰苦国家和地区工作的干部，如果在市场方面做得称职，要给他机会。

华为的干部要从那些愿意工作的人中选拔，在不同地区工作的干部要采取不同的选拔、甄别方式。

任正非说：我们就是要在艰苦地区培养和选拔干部，那是不是说发达地区就不利于优秀干部成长？不是的。在发达地区培养出来的干部更要注意提升自身的职业素养，因为可能对手及客户的水平更高。在发达地区培养出来的干部如果愿意到艰苦地区来工作，我们十分欢迎，他们像白求恩一样放弃优裕的生活环境来艰苦地区工作。

任正非强调：文化素质较高的员工应到一线去，到艰苦的工作中去取得成功。大仗、恶仗、苦仗一定能出干部。总部机关、产品体系都要派后备干部到艰苦地区进行锻炼，在艰苦的环境中成长，公司要在"上甘岭"培养和选拔干部。

高层干部要学文件

华为要求高层干部学习公司文件，领会高层智慧精华。

任正非说：我们公司很多高级干部根本不学习公司文件，他们是凭着自己的经验在干活，这样的干部是一定会被淘汰掉的！

为帮助中高级干部实现由"术"向"道"的转变，公司规定每位高级干部都必须参与华为大学的"干部高级管理研讨项目"，简称高研班，堪称华为的"抗大"。

高研班的主要目标不仅仅是让学员理解并应用干部管理的政策、制度和方法工具，更重要的是组织学员研讨公司核心战略和管理理念，传递公司管理哲学和核心价值观。

和一般企业大学的做法不同，华为的高研班向每位参训学员收取20000元学费，学费由学员个人承担，目的是让每位参训干部增强自主学习的意识，不经过高研班培训的干部不予提拔。

据华为大学相关人员介绍，华为公司核心管理理念及管理方法源于华为的核心价值观，承载了华为二十多年管理实践中的成功经验和失败教训，是干部保持正确管理方向、带领团队成功的基础和前提。

参加高研班，旨在促进干部对公司核心管理理念和管理方法的深入理解和综合运用，同时通过高层亲自授课和考察，识别可能进入公司关键管理岗位的优秀干部苗子。

目前，每年从高研班毕业的学员约 1000 人。

干部要负责培养干部

华为对关键岗位的干部都是有储备人选的，如果现任的干部对工作投入不够，公司很可能会换人。干部要负责培养干部，干部不是人力资源培养的，人力资源只负责牵引，每个部门每年都有给公司输送干部的任务，这也是考核指标，要给干部人选机会去成长。

严格约束干部

在华为深圳总部市场大会上，一些主管给任正非做汇报时都是"报喜不报忧"，而任正非最讨厌骄傲自大，他要干部坚持做自我批评和干部工作作风宣誓。每个干部都要宣誓，这虽然是个形式，但在心理上确有一定的制约作用，因为大家都见证了公开宣誓，就应该照着去做。

干部不要说假话，主管的责任是激发下属的积极性，创造性地去打胜仗，而不是对上级简单服从。干部不要回避矛盾，对困难不退缩，遇事勇敢担当。华为决不允许干部站队，如果发现，对小团体要一降到底，降 3~4 级，降级以后薪酬也跟着降，拿的股票也要交出来。这样一来，谁还敢干坏事？

_ 注重个人成就感的人不能当干部

华为规定,有基层成功经验的人才能当干部,注重个人成就感的人不能当干部。

任正非认为:干部作为团队领导,重要的是把自己的部下源源不断地培养成"英雄",而不是自己去当"英雄",所以,领导者要淡化个人成就感。

实际上,华为也是从"英雄时代"一步步走过来的。随着华为的不断壮大,任正非已经敏锐地觉察出了公司在管理方面的问题,开始认真思索个人与企业之间的关系。

任正非逐渐不再把"英雄"挂在嘴边,更多考虑的是如何使华为成为一家能够长久发展的企业。

2000年,为了使华为的高级管理者进一步了解领导者的职责,任正非组织华为高级副总裁以上级别的干部进行考试,通过这样的考试,任正非希望从"英雄时代"成长起来的很多高级管理者能够转变思想,从充当"个人英雄"改变为积极培养更多的"英雄",从而支撑华为的可持续发展。

任正非强调淡化个人英雄主义色彩,是希望使华为逐渐发展为职业化管理的企业,组建依靠流程和职业能力进行管理的团队。

_ 干部作风八条宣誓

2017年1月11日,华为公司在2017年市场工作大会上安排了一个宣誓仪式,宣誓的内容是2013年发布的《华为公司改进作风的八条要求》(简称华为干部八条)。在稍后的讲话中,任正非说:"今天的干部改进工作作风八条宣誓，我既感到荣耀，又很感慨。外界社会很浮躁，我们内部小小的地盘能讲实话，不容易。"以下是新修订的"华为干部作风八条"。

（1）我们决不搞迎来送往，不给上级送礼，不当面赞扬上级，把精力放在为客户服务上。

（2）我们决不动用公司资源，也不能占用工作时间为上级或其家属办私事。遇非办不可的特殊情况，应申报并由受益人支付相关费用。

（3）我们决不说假话，不捂盖子，不评价不了解的情况，不传播不实之词，有意见直接与当事人沟通或报告上级，更不能侵犯他人隐私。

（4）我们认真阅读文件，理解指令。主管的责任是胜利，不是简单地服从。主管尽职尽责的标准是通过激发部属的积极性、主动性、创造性去获取胜利。

（5）我们反对官僚主义，反对不作为，反对发牢骚、讲怪话。对矛盾不回避，对困难不躲闪，积极探索，努力作为，勇于担当。

（6）我们反对文山会海，反对繁文缛节。学会复杂问题简单化，六百字以内说清一个重大问题。

（7）我们决不偷窃，决不私费公报，决不贪污受贿，决不造假，我们也决不允许我们当中任何人这样做，要爱护自身人格。

（8）我们决不允许跟人、站队的不良行为在华为形成风气。个人应通过努力工作、创造价值去争取机会。

从2013年11月发布"华为干部八条"到此次宣誓，三年时间过去了，任正非说："我很高兴，看到心声社区上很多人发言不穿'马甲'了，说明公司已经开始有讲真话的氛围了。"

管理箴言

任正非说：干部作为团队领导，重要的是把自己的部下源源不断地培养成"英雄"，而不是自己去当"英雄"，所以，领导者要淡化个人成就感。

好干部的标准
体现出任正非管理思想的价值

《以奋斗者为本：华为公司人力资源管理纲要》中对华为好干部的标准有以下解释。

"华为好干部的标准：实事求是，坚持原则，眼睛朝下，不要光看上司的脸色。大家要警惕那些专看上司脸色行事、阿谀奉承的人，他们不是为公司而是为个人利益工作，无数经验教训证明了这一点。若下级看领导脸色行事，在事情的判断上不是以客户需求为导向，而是看主管是否认可，只按主管的意见做，即使错了，也是主管的责任，自己不用承担责任，这是公司存在的大问题。长官导向不扭转，公司就会偏离客户导向，就会衰退。"

作为华为公司管理者培训教材，《以奋斗者为本：华为公司人力资源管理纲要》中清晰地表达了华为的重要管理思想：在华为，好干部要有正确的思想导向！

《华为基本法》的定位之一：培养中高级干部

任正非曾说过：《华为基本法》的定位就是培养中高级干部，干部必须认真学习，领会其精神实质，掌握其思想方法。

在任正非看来，中高级干部掌握企业经营管理的思想方法是非常重要的。所以，他不断引进先进的管理方法、体系，每年花费10%甚至更多的华为年度收入用作产品研发的同时，还花费数亿元进行管理咨询改进，甚至还在国内无先例地推行"蓝血十杰"（**管理科学家制度**）来促进管理思想、方法、系统的升级变革。

而这些，都需要中高级干部能够接收、吸纳优秀管理思想，让人才、知识资本成为华为的核心竞争力。《华为基本法》当时的目标之一就是让干部们实现共同的"心理契约"，领会精神实质，掌握思想方法，统一目标行为，实现企业业绩与未来发展。

在华为公司成立的最初几年，任正非就已经非常注重培养干部的正确管理思想，以重要文件内容作为思想引导的载体，《以奋斗者为本：华为公司人力资源管理纲要》就体现了这个作用。

"眼睛盯着客户，屁股对着领导"是"以客户为中心"的精准场景演绎

"眼睛盯着客户"这句话很容易理解，不少企业也这样提。但"屁股对着领导"从一个公司的最高管理者口中说出来，真是有"石破天惊"之感。从华为公司对其的阐释来看，这句话绝非为了文字工整对仗而硬添上去的。华为对"以客户为中心"的理解已经远超营销界对"以客户为中心"的真正认知。

任正非曾批评下属：你们不要为了迎合领导，像疯子一样，从上到下地忙着……关注领导已超过关注客户。不要以为领导喜欢就能升官了，这样下去我们的战斗力会削弱的。

我们经常会用迈克尔·波特的"五力模型"来评价企业的竞争力：同行业内现有竞争者的竞争能力以及潜在竞争者进入的能力、替代品

的替代能力、供应商的讨价还价能力以及购买者的讨价还价能力。它将竞争提升为三个方面：成本优势、专业性、差异化。而任正非还是将战斗力（**竞争力**）的影响归拢到人身上，"关注领导超过关注客户，这样下去战斗力是要削弱的"可以说是中国本土企业经营管理适应性的重大思想突破。

_ 对人的能力进行管理，还有思想导向的标准

华为经过这么多年的管理改善或变革，已经形成了不少干部管理规章制度。

如干部四力：决断力、执行力、理解力、沟通力。

如华为干部领导力九条：关注客户、建立伙伴关系、团队领导力、塑造组织能力、跨部门合作、成就导向、组织承诺、战略性思维、理解他人。

如华为干部选拔四要素：绩效是干部选拔的必要条件和分水岭；品德与作风是干部的资格底线；践行核心价值观是衡量干部的基础；能力是持续取得绩效的关键成功要素。

如华为在干部选拔过程中采用的"三权分立"方式，这三个权力是：建议权、评议权和否决权。

这些，都是华为干部工作的一些标准与内容。

华为好干部的标准是华为干部的思想导向标准，是对干部管理规章制度的重要补充，甚至是先决条件！

_ 华为看到了中国企业管理的一个重要问题

在给企业服务过程中，我听到过太多这样的话语：这个事情，看

领导怎么看吧，看领导怎么处理吧，让领导来决策吧……如果领导不发话，一些企业就没有真实交流的思想、观点，也就没有主观能动性的行动。

所以，一些企业办事效率不高、行动力弱、问题推诿，"扯皮"与"踢皮球"的情况普遍存在。

这就需要企业管理者认识到要以身作则，并且明令形成制度、规则、要求才行。

_ 任正非：干部的思想导向标准，我先行

任正非说过：我不怕大家批评我，有人批评我是好事。员工以后最重要的不是要看我的脸色，不要看我喜欢谁和骂谁，你们的眼睛要盯着客户。如果客户认同你好，你在客户那里受气了，那么可以到我办公室来。

任正非提道：长官导向不扭转，公司就会偏离客户导向，就会衰退。或许，这是任正非认识到除公司的规章制度之外，干部身先士卒、言传不如身教的重要性。我们也从这里看到，外界评价任正非的危机意识、谦卑等不是企业戴着的假面纱，而是源于"以客户为中心"。

_ 任正非的管理思想，也可给一些外企上一课

我在可口可乐公司工作时，曾经写过一篇关于企业管理的文章，大意是：企业中层干部非常重要。

一些企业中层干部，上基本不用做决策，下也有专业的基层人员做执行，又有一定的话语权。如果没有发心，随波逐流，甚至弄些小团体、亚文化，制造矛盾，则会成为企业管理层头疼的问题。

可口可乐公司是全球品牌企业，制度本就比较完善，但是，对于一些驻外工作、外勤工作等并不能完全监督，总有一些干部看上司脸色行事，阿谀奉承，而一些一线的工作如新品上市、促销活动等仍存在一些改进空间。

可口可乐公司是一家经营管理水平非常不错的公司，但本土化后，仍未能以"好干部"的标准来要求公司内干部。可以说，华为的"好干部"标准能给一些国际巨头带来借鉴。

"好干部"标准的内在，其实不少领导并不一定喜欢

为什么不少领导并不一定喜欢？做领导的从内心来讲，普遍都喜欢员工看自己的脸色行事。

这是权力的呈现，有权就有人服你、尊重你。即使自己能力有限，也有人听你的，在马斯洛的心理层次论上来讲，是自我实现的人生高度！

所以，员工如果不看自己的脸色行事了，就认为自己的威严、权力受到了蔑视，可能就把员工归类到不听话和有"二心"当中去。一些心胸狭窄、目的并不单纯的领导者，就可能给员工出难题、穿小鞋等。

任正非的管理思想，尊重常识

中国人民大学教授、华为"蓝血十杰"、《华为基本法》撰写者之一的黄卫伟教授提道过：华为的成功，很重要的一点就是尊重常识。《华为基本法》撰写组组长彭剑锋教授也多次说过。

针对好干部的标准，任正非就是在尊重最基本的管理常识，

不看上司的脸色行事。很明显，不看上司行事，就不会"屁股对着客户"了。

好干部的标准还体现了华为的非 KPI 论：价值观更重要。这里说的其实就是价值观中的领导观、工作观、上下级观。

当年制定《华为基本法》时，任正非要在管理者身上达成"心理契约"，而不是像其他企业采取的更直接的目标 KPI 式的承诺书一样。这体现了任正非对干部价值观、战略思考、管理思想建设等的打造，更让人期待。

我们可以看到，华为好干部思想导向标准体现了任正非的管理思想价值。

管理箴言

干部四力：决断力、执行力、理解力、沟通力。

"班长的战争"

现代军队采用的作战方法，不是靠名将指挥，而是靠小型作战队伍。这些小型作战队伍灵活、机动地深入到敌后，携带卫星定位仪和激光指示器等精尖作战装备，随时下载卫星画面，并寻觅敌人可疑踪迹，还可以通过卫星来呼唤各种战机、导弹进行轰炸。

这些小型作战队伍的班长作为一线作战的指挥官，不仅有专业技术，同时还具备决断的指挥能力。

人民日报曾撰文提倡"班长的战争"

人民日报认为：当下的创新型企业，"班长"往往成为决胜的主力，打赢"班长的战争"已经成为企业竞争的利器。国际上成功的创新型企业，其赢得市场的主导产品无一不是小团队研发的。即使是一些传统大型企业、百年老店，如通用电气、国际商用机器公司，进行新产品研发时也组建小分队。

人民日报为什么也提倡"班长的战争"？或许形势真的变了，策略也得变了？

_ 军事学术界的新说法

现代战争中,作战人员会依据现实情况组建"三人战斗小组":一名是信息情报专家,他携带先进装备,检测出敌人兵力与其他情况,把情报传递给火力战斗专家。火力战斗专家根据情报配置火力打击资源,再报告给战斗专家。战斗专家计算与推断出恰当的作战方式和手段,然后按指挥部授权行使指挥权力,直接指挥前线炮兵开火打击,这就是"三人作战小组"。

以前的军事学术界,都约定俗成地认为传统战争是将帅的战争。21世纪信息化发展下的新战场,可能就是以士官为主的"班长的战场"。

在传统军事学术概念中,"班"是最小的作战单位,一个班的班长是最小的战术支点。但在不断发展的信息化条件下,导航、卫星、宽带、大数据能与导弹群组、飞机群组甚至航母集群进行最优火力配置,使得"班"可直接与指挥部对接,制订更精准有效的作战计划。

_ 华为的理解

华为公司主张"让听得见炮声的人来呼唤炮火",就是促进"班长"一级的人员在市场一线与竞争中发挥主导作用,让最清楚市场一线的"班长"指挥。

华为的"班长的战争"要求管理者对公司发展战略进行正确制定、理解与把握,平台部门不只是对一线行驶管理职能,而是要对他们进行支持与服务,班长依据一线业绩与发展,具有能调度资源和获得及时决策的授权。毫无疑问,"班长"并不"位高",但"权重",必须是精英中的精英。

任正非认为,国内外环境可能越来越复杂,华为在当下以及未来要面对内外部环境的各种变化，必须考虑在新形势下更快、更好地满足客户与市场需求，"铁三角"式的"三人作战小组作战单元"适应新的市场形势需要，须推行、总结并推广。当然，推行时更需要建立新的匹配组织机制，以便跟得上变化。

2014年11月，华为以公司内部文件的形式悄然发布了组织变革高阶方案，宣布将公司组织架构由原来的BG和区域这两个纬度调整为基于客户、产品和区域的三维度组织架构，以此来建立匹配的组织机制。

华为公司认为，"班长的战争"是未来的趋势，华为发布的公司组织变革高阶方案正是着眼于打造更多的战略家，各种能力都具备才能有取得胜利的可能。所以，华为公司努力把技术、业务、市场三大领域在一线的融合转化为真正可持续发展的能力与未来胜利的"作战基础"。

企业为什么要变革

企业变革的理由很多，但核心是客户在变化，新技术在发展，面临的形势也是变化多端的。

华为的核心价值观是"以客户为中心"，如果客户变了或者说客户的需求在升级，那么，企业的经营管理内容也要随着变化而调整、升级。

任正非的管理哲学融合了西方文明、东方文明和军队。依据在部队的磨炼，他认为部队的组织机构是最具战斗力的，应用到企业管理是可行的。"作战单元"不断下沉，不断提升一线的"综合作战能力"，总部（指挥机构）变成资源配置、支持、支援的平台，这应是企业组织变革的一个重要趋势。

"班长的战争",变成个人的事了

虽然"作战单元"下沉,"班长"的重要性凸显,但"班长的战争"不仅是一个人或"铁三角"的事,还是全组织、全公司的事。其核心是在组织和系统支持下实现任务式指挥、前移式指挥与行动,是一种全公司的整体性组织变革。

"班长的战争"具有灵活、轻便、快捷、直接、高效的组织性运作特点,实现一线呼唤炮火。所谓的任务式指挥即是通过授权和指导,支持敏捷且适应力强的下级指挥官在明确意图范围内发挥有纪律意识的主动性,用自己的方式最有效地实现上级指挥官的意图。要实现任务式指挥,需要组织结构、职能、任务的改变,而不是仅仅依赖"班长"一个人,需要在责任、权力、组织、资源、能力、任务、流程管控和信息系统等多个组织管理方面有效支撑。

关于"班长的战争"的组织调整,在组织成员对应的责任分工方面要将战术指挥重心下沉到一线,高层和机关聚焦于战略制定、方向把握、资源调配;在权力授予方面,行政管理和"作战指挥"权力分离,基于清晰的授权规则和下属的任务准备度进行合理授权;在组织配置方面,根据"作战"需要,模块化地调整一线组织;在资源配置供给方面,"战术资源"要贴近"一线作战部队",战略资源则集中布局,快速有效响应;在能力建设方面,以战略要求与任务目标为主线,开展综合性、专业性能力的共同建设;在流程运作方面,面对复杂多变、不确定的环境,进行流程快速梳理与任务明确,聚焦于"作战任务"实现顺畅敏捷。在相应的信息系统支撑上,利用或应用先进技术,通过构建互通、互动的信息环境,使各级"指挥官"在任何时间、地点获取完成任务需要的信息,对"作战环境"形成共同的理解,促成"作战策略"的实现。

"班长的战争"，能力的战争

任正非说过：要打赢"班长的战争"，"作战能力"要强。华为在每个国家的代表处要建立业绩基线，然后自己与自己比，持续改进。

"班长的战争"对"班长"的素质提出了前所未有的要求。从"作战"的组织规模来看，一个班可能只有有限的几个人，此时班长的"心智能力""作战能力""判断与指挥能力""战略定力"与发挥需要达到"少校级"甚至"少将级"。只有这样，才能改变科层制组织模式下底层（即一线）配置能力最弱的局面，真正使前方组织被赋能、赋权、赋责。机动灵活的"班长的战争"是现代战争形态下"战术指挥重心下沉一线，高层和机关聚焦战略制定、方向把握及资源调配"的新变化，与传统战争不可同日而语。它绝不仅仅是"班长"的战争，也不仅仅是将权力授予一线组织就能实现的，需要组织运作。

任正非还说过：将来华为干部必须是曾经成功过、有过好业绩的项目经理，必须有成功的项目实践经验。未来一至三年，用明白人把不明白的人换下来；未来三至五年，用优秀明白人把明白人换下来，完成"换血"，成就"蓝血"。

"班长的战争"跟攻破一个城墙口有冲突吗

任正非有一个"城墙突破理论"：将领领兵攻打城市，兵却反其道而行之，全部纵向配置，集中突破一点，然后不断延伸，再向外扩展。任正非非常欣赏这种战术并深得要领，在企业内部大力推广。

随着形势的变化发展，任正非在 2014 年董事赋能研讨会上与候选专职董事交流讲话中，对攻占"城墙口"有了更深的理解：攻占城墙需要多少发炮弹，现在还需要后方机关审批，前方说"我要9发炮"，后方说"6发够啦"，最后6发炮弹打过去，城墙只塌掉一半，冲锋的部队要付出很大代价才能爬过这半截城墙。针对"班长的战争"，"一线作战部队"要几发炮弹，就给几发，打完仗后再算账！

流程与快速升级的信息化支持以及战略机动部门的有效建立可以使未来有可能通过现代化的"小单元式作战部队"在"作战"前方发现战略机会，并通过各种调整优化后的优良机制迅速向后方请求强大火力，用现代化手段实施精准打击，这就是华为要坚持LTC落地，实现"五个一"及账实相符的重要目的。

任正非继续表示：当然，华为还是要踏踏实实继续做学问，过去的三十年，我们从几十人到几百人、几千人、几万人、十几万人，都是对准同一个"城墙口"冲锋，攻打这个"城墙口"的"炮弹"已经增加到每年150亿到200亿美金。全世界很少有公司敢于像我们这样对同一个"城墙口"进行投入。

"班长的战争"，更是系统的战争

你的公司有强大的后台机制吗？

前面说过，"班长的战争"并不是一人、一个班在艰苦"作战"而完全没有后方支持。实现这一战争模式的基础建立在整个大后方强有力的远程支援和数百、上千人通过网络平台的数据支持，以及随时可根据"炮火""敌情"而呼唤的后方总指挥的强力支持与支援上。

"班长的战争"必须是一个系统工程，包括精兵组织、目标管理、导师角色、激励与沟通、规范作业、过程督导、绩效管理、改善与优化。

推动华为的前进，就是华为的英雄

任正非说：谁是华为的英雄？要看是谁推动了华为的前进。不是一两个企业家创造了历史，而是 70% 以上的优秀员工推动了华为的前进，他们是真正的英雄。这些英雄，更多是来自一线的员工，他们将推动商业战争的不断胜利。

管理箴言

任正非说过：要打赢"班长的战争"，"作战能力"要强。每个国家代表处要建立业绩基线，然后自己与自己比，持续改进。

华为员工为什么愿意艰苦奋斗

华为的核心价值观中，三句话有两句都提到奋斗：以奋斗者为本，时刻不忘艰苦奋斗。除开价值观的宣传影响外，华为的员工就真的愿意艰苦奋斗吗？

这些和薪酬待遇一样重要

一个公司肯定不能完全依靠给员工发钱来驱动，最重要的是企业通过多角度的影响使员工形成"内驱力"，能够自动、自发地在工作岗位上做贡献。

华为通过哪些因素来促使员工形成"内驱力"呢？综合分析，主要有以下几点。

（1）可持续奋斗的事业发展目标。
（2）员工持股的"主人翁"状态与高额收益胜过自己创业或不稳定状态下的变换工作。
（3）共同价值观的影响。
（4）《华为基本法》中"人力资本大于财务资本"的主旨能真正实现员工的个人价值创造——评价——分配系统。
（5）良好的收入分配机制下的收益与事业发展通道。

华为公司现在建立的是以责任结果为导向的考核机制，以及基于贡献的待遇体系，不只是考核结果，还需要有责任考核。华为并不主张"360度考核"，特别是在任正非不追求"完人"的理念下，一些优秀的员工能够脱颖而出，在企业得到很好的发展。

薪酬——华为公司会发钱

目前，经过比对，华为公司的员工薪酬已基本达到世界级水准，能够比肩欧美一流企业，在2019年部分优秀员工能够达到年薪超过200万。在国内，华为公司因为员工薪酬高，一直被视为"别人家的公司"而被广为传播，声名远扬。

按人力资源观点，薪酬是反映职位价值和责任结果的工作回馈，基于华为公司的核心价值观，华为的薪酬原则就是向奋斗者倾斜，向贡献者倾斜。

- 工资分配，实行基于能力的职能工资制。
- 奖金分配，与部门和个人的绩效改进挂钩，主张集体奋斗。
- 退休金等福利分配依据工作态度的考评结果。
- 医疗保险等按贡献大小对不同人员实行差别待遇。

华为的薪酬并不是只能升不能降，华为建立了自动降薪机制，在华为的历史中就曾经对高管实施过。在《华为基本法》中也有明确的规定：一是向员工的功劳意识宣战；二是避免过度裁员与人才流失，确保公司平稳持续发展。

这里有个有趣的事例：华为公司曾经有员工提出，公司花很多钱支持希望工程，提供寒门学子基金，在国内各种灾情捐款中也是全力支持，为什么不建华为大厦让大家免费居住？为什么不实行食堂吃饭免费（**事实上华为的写字楼与办公条件也是全球突出的，食堂伙食也令很多别的企业员工羡慕**）？任正非认为，不管经济上是否能够满足，这些其实都反映了部分员工的功劳意识与安逸意识，这种意识必须打击与杜绝，不能把员工养成贪得无厌的不劳而获者。华为的核心价值观是：以奋斗者为本，且时刻不忘艰苦奋斗，如不这样，企业可能会走向没落。

奖金——华为的工资就只是生活费

华为公司认为，奖金的提高主要依靠业绩的增长。奖金的核心作用就是解决"创造更多价值，以及更多创造出的价值如何共享"这方面的问题。

首先，华为公司在奖金分配上向海外工作人员倾斜，海外工作人员的奖金相当于国内人员的 3~5 倍，以便于华为的国际市场发展取得突破。

同时，华为公司内部不同的职能部门、组织，奖金来源是不一样的。华为各职能、组织的奖金来源结构主要如下。

- 销售职能部门的奖金，来源于利润增长。
- 研发职能部门的奖金，来源于新产品收入或成熟产品效率的提升。
- 预研职能部门的奖金，来源于战略投入。
- 供应链与交付职能部门的奖金，来源于成本下降。
- 人力资源职能部门的奖金，来源于人力资本效率的提升。
- 财经职能部门的奖金，来源于资金的效益提升。

_ 补贴——福利有时比硬收入还吸引人

华为公司福利制度完善，有不少针对性的福利补贴，如：战略补贴、竞争补贴、大客户回馈。当然，这些补贴不是直接发放给个人，本质上却体现了以人为本与企业无微不至的关爱。

战略补贴主要考虑的是"战略性业务有人干，特殊业务有扶持"，避免公司发展的战略性失衡，确保业务长期与短期均衡发展。如2019年华为公司公布的鸿蒙系统就是十年没有收入的战略性重要开发，不可能不得到支持。如华为手机板块，一开始也是业务惨淡，入不敷出，如果没有补贴，那么这一最重要的战略发展通道可能就被过早封死。所有这些，会纳入"空耗系数"，不计入部门成本，员工就不至于被拉低收入。

_ 机会——与未来一样最值钱

任正非说：世界上最不值钱的就是金子，最值钱的是未来和机会。

赋予员工机会与提供发展支持，是企业颇具价值的隐性价值分配，但机会分配并不完全等同于权力获取或职位晋升。在华为，机会赋予有其独特的含义。

1. "作战赋能"机会。

在华为，公司每年都会创造大量的机会让年轻人去国内外艰苦地区或艰苦岗位进行锻炼，除了能直接参与"项目作战"，还能一触到底，实现华为"端到端"般的学习成长机会。对员工来说，职业生涯中能抓住关键的机会，能力与发展空间上定能有不可预设的飞跃。

华为非常重视小国市场，里面存在这样的逻辑：在那里，员工更有机会进行综合性成长，可能取得更快的发展机会，能够比较有效地产生"英雄"或"将军"，猛将更易发于卒伍！

2．培训成长机会。

华为培训机制很完善，华为大学有青训班、高研班等各种学习班，给员工提供各种针对性培训，如下。

- 战略预备队，是华为专门训战赋能的组织。
- 重装旅，华为培养从技术类别到服务类别的专家、管理干部。
- 重大项目部，培养、产生商业领袖。
- 项目管理资源池，培养机关管理干部和直接"作战"的经理人。
- 华为内部人才市场，给期望到更适合自己的岗位上做出更大贡献的员工培训，以及提供转岗机会。

晋升——责任、钱与职务共发展

任正非说：我们要求每个员工都要努力工作，在努力工作中得到任职资格的提升。我们认为待遇不仅仅指钱，还包括职务的分配、责任的承担。干部的职务能上能下，因为时代在发展，企业也在发展，而个人的能力是有限的，这是组织的需求，个人要理解大局。

华为公司就是靠这三十多年的几十万员工发展起来的，重视优秀员工的晋升和提拔是华为公司人力资源管理的最核心要素。华为公司甄别干部是否优劣只有两条简单原则：一是社会责任，二是个人成就感。

社会责任指的是在华为公司内部，优秀的员工要对组织目标有强烈责任心和极强的使命感，这些都要大于个人成就感。华为员工要以完成目标为中心，如果为完成目标提供了大量优质服务，那么这种服务就是华为公司定义的社会责任。

在个人成就方面，华为公司认为一些干部看起来好像没有什么成就，但他的目标实现得很好，实质上起到了领导与引领的作用，也是被鼓励的，是晋升的重要因素。在华为，有些个人成就欲特别强的人并不像某些企业所说的是"出头鸟"，也就不会受到企业打压，而是会得到肯定、支持与信任，会被培养成英雄类模范，但并不一定会被扶持成领袖，除非他能意识到并改变，否则只能从事具体工作。

在华为，管理者会帮助部下成为"英雄"，为实现公司目标提供良好服务，这是领袖一项重要的工作。

2016年，华为公司破格提拔了4000多人；2017年，华为公司又破格提拔了5000多人。这样做的目的在于让优秀人才做出更多贡献，让更多人成为奋斗英雄。

破格提拔使优秀员工得到晋升，华为即使没有员工终身制，员工的发展通道也是无限畅通的！

_ 员工认同的价值观，指引员工持续奋斗

任正非说：奋斗者是华为力量的来源。

华为公司深刻地明白，每个人心中均有思量，只要人人都能遵循华为的基本原则执行工作，就能够集中全员的力量将华为建设好。华为通过确立公司愿景，明确目标和追求，用共同愿景来凝聚员工并激发员工持续艰苦奋斗的源动力。华为的核心价值观"以奋斗者为本"在时刻指引着员工持续艰苦奋斗。

管理箴言

任正非说：世界上最不值钱的就是金子，最值钱的是未来和机会。

在华为，任正非也要述职

管理者述职能实现人力资源"铁三角"模型中的价值评价。

华为公司现有近二十万员工，对管理者及员工进行述职式评价，成为企业人力资源工作的重要部分。

任正非也述职

任正非曾经在 2003 年述职报告中，确立了华为用三年时间达到业界人均效率最高水平的目标，并在这次述职报告中明确全面推行如下管理举措。

（1）推动以满足客户需求为导向的流程化组织设计与改革。

（2）启动以责任结果为导向的考核机制，明确华为基于贡献的待遇体系。

（3）加强对责任结果优秀并有培养前途的干部的任职资格考核以及关键事件过程的行为考核。

（4）推进全球统一的财经体系建设。

有意思的是，任正非在开场中还有这么一段话："2003 年订单额比去年同增 42%……请求公司允许我 2004 年在现在的位置上再工作一年。"

▁ 述职不通过，就辞职、降等、降级、降职！

对于华为老员工来说，最早感受到公司残酷的优胜劣汰规则可以追溯到 1996 年。当年，为了激发员工士气，任正非让市场部所有的干部提交两份报告，一份是述职报告，一份是辞职报告，如果述职报告没有被认可，就要离开岗位。

据称，当年市场部换掉了 30% 的干部。

另外，任正非在一次运营商 BG 组织变革研讨会上的讲话中也提道："从现在开始，一级部门干部部长每三个月述职一次，如果找不到重复平台，找不到人浮于事的地方，那就降等、降级、降职。不一定非要找到自己部门的，找到其他部门的也算过关。"

述职在华为不是走过场，不是大家都做老好人，都过关。工作评价是来真的！

▁ 述职目的

华为述职主要立足于以下三个目的。

（1）强化中高层管理者的责任和目标意识，促使中高层管理者在实际工作中不断改进管理行为，促进员工和部门持续的绩效改进。

（2）深化公司原有的绩效考核及任职资格管理制度，不断增强公司的整体核心竞争力。

（3）强化部门间的协作关系，使各部门及其管理者为实现公司或上级部门的总体目标结成责任和利益共同体。

述职的目的并不是打个分、给个绩效结论就结束了，持续的绩效改进、任职资格管理、部门协同等才是根本，也就是说，通过一次述职能看到管理的螺旋提升。

述职原则

华为的年终述职遵循以下三个原则。

（1）以责任结果为导向，关注最终结果目标的达成。
（2）坚持实事求是的原则，注重具体实例，强调用数据和事实讲话。
（3）坚持考评结合原则，考绩效、评任职，面向未来绩效的提高。

这里面容易被忽略的两个关键词是：强调数据讲话、面向未来绩效。这两个思维在企业绩效管理过程中非常重要。

述职方式

华为的述职方式是逐级向上的，且多为中期述职。通常公司总裁向董事会述职；各委员会主要负责人、部门正职向总裁述职；各部门副职向各委员会述职；二级部门主要负责人向部门正职述职，由此形成了一个层层负责的述职机制。在述职日程上从每季度第一个月的中旬开始，这有利于公司绩效考核、定期审视和评估当下绩效，以及时进行改进。

以平衡计分卡为基础的述职模型

华为的战略要实现长期目标与短期目标之间、财务目标与非财务目标之间、结果与过程之间的平衡。

华为的中高层管理者述职模型包括以下四部分。

1．财务。

（1）KPI 完成情况。

（2）竞争对手与业界最佳比较。

（3）不足、成绩。

2．客户。

（1）客户满意度。

（2）内部客户满意度。

3．内部流程。

（1）部门业务策略。

（2）核心竞争力提升措施。

（3）部门中心工作。

（4）IT 建设和管理项目实施。

4．学习与成长。

（1）员工职业化技能提升。

（2）组织气氛指数。

半年一次述职的八个方面

述职人员述职的内容包括年度的业务规划、预算指标和 KPI 指标的实际完成情况,并与年初制订的年度业务规划、预算指标和 KPI 指标进行对比,就完成度进行分析,找出差距;预测下一年度的各项任务、指标,并且提交具体的实施方案,以及需要的资源支持,做出承诺。

述职具体内容包括以下八个方面。

1. 不足、成绩。

总结上半年的业务与管理工作,针对 KPI 目标和影响 KPI 的根源性原因,按照优先次序列出最主要的三项不足和三项成绩,并扼要地指出原因。

2. 市场数据及竞争对手、业务环境及最佳基准比较。

通过准确扼要的数据和指标,说明客户、竞争对手和自身的地位、策略、差异和潜力;特别关注变化、动向、机会和风险,关注影响公司和部门 KPI 实现的市场因素和环境因素,以及业界最佳基准。

3. KPI 完成情况。

报告上半年 KPI 完成情况,以及与上一年同期水平相比的进步情况,审视全年目标、挑战目标的达成程度,说明差距和原因。

4. 核心竞争力提升的策略与措施。

核心竞争力提升的策略与措施是指那些完成 KPI 和增强公司潜力的关键策略和措施。各部门要围绕公司目标回顾和评价部门业务策略、中心工作以及核心产品、业务推进措施的落实情况和进展情况，并对策略及措施的实施结果进行规划。支持部门要检查负责公司重大管理项目的推进计划和阶段目标的完成情况。

5．客户、内部客户满意度。

客户满意度是衡量我们各项工作的重要尺度。业务部门要说明和分析客户的满意度，各部门均要说明和分析内部客户满意度，特别是最满意的比率和最不满意的比率，哪些客户和内部部门最满意和哪些最不满意，以及下半年如何改进。

6．组织学习与成长。

公司通过组织建设和推行重大管理项目以及 IT 建设，不断提升公司的核心竞争力。各部门要提出和检查提高员工职业化技能的计划、措施和效果，报告和分析组织气氛指数，检查公司重大管理项目在本部门的推进计划和阶段目标的完成情况。

7．预算和 KPI 承诺。

管理必须形成闭环，各部门根据自己的历史水平、与竞争对手的对比和公司要求，对 KPI 指标和业务目标做出承诺，提出挑战目标，调整预算，以便检查和考核，形成自我激励、自我约束的机制。

8．意见反馈。

提出需上级关注的战略问题和相关部门在运作方面的支持需求。

华为的中高层述职结合 KPI 考核，考核制度均衡、有效，且注意过程的控制与管理。绩效管理呈闭环模式，形成一种自我激励、自我约束的机制，从而不断提升公司的核心竞争力。

管理层述职的作用

述职后的结论怎么使用呢？主要有以下几项。

（1）工作业绩与任职资格的综合考评成绩作为工资、奖金、股金等价值分配的依据，还可关联到辞职、降等、降级、降职等。
（2）依据制度性甄别程度，对有突出才干和突出贡献的人实施职务的破格晋升。
（3）综评成绩作为管理者培训、职务置换等人力资源管理活动的依据。

现实当中，不少企业的述职成了形式，并且出现了如下的模式化述职。

（1）显成绩
（2）摆困难
（3）表决心
（4）要条件

最终让领导看到的就是有困难需要条件支持，却鲜有自己的改进措施与具体行动计划等。述职应成为员工评价的手段，成为企业进步的新起点！

管理箴言

述职内容包括年度的业务规划、预算指标和KPI指标的实际完成情况，并与年初制订的年度业务规划、预算指标和KPI指标进行对比，就完成度进行分析，找出差距；预测下一年度的各项任务、指标，并且提交具体的实施方案，以及需要的资源支持，做出承诺。

Chapter 5

第五章

真华为做迅速扩张和成长的"薇甘菊"

华为的成长要有"倒生长模式"

华为是有性格的,当外界习惯用"狼"来评价华为时,其实华为公司本身有更丰满的形象,让我们去了解它、认识它。

薇甘菊

华为的 Logo 是菊花,这可不是一般的菊花,而是来自南美的薇甘菊。

几年前,华为创始人任正非首度引入了"薇甘菊"概念,薇甘菊是南美的一种野草,它疯狂生长的速度超越了所有植物,被植物学家称为"每分钟一英里"的恐怖野草。

它只需要很少的水分和极少的养分,却能迅速蓬勃地覆盖所有的植物。就是这样一种迅速扩张、迅速成长的特性,使得与它争养分、争水分、争阳光的其他植物一个个败下阵来。

任正非是薇甘菊精神的崇尚者,他倡导的理念也成为传播薇甘菊精神的基因:我们做产品需要具备薇甘菊这样的能力,要在末端接入层成为霸主。不止要有霸气,更需要有底气,要成为行业的"薇甘菊",就必须具备实力,没有实力是做不了霸主的。

人在了解一家企业时首先往往是通过 Logo 建立印象的。以前有人说华为的 Logo 像贝壳，也有人说像被切块的苹果，他们都没想到华为的 Logo 是薇甘菊这么一种不起眼的野草，它代表着华为一种奋斗、奋进、奋争向上的精神。

狼

虽然华为公司并没有官方承认与表达过他们与狼性的直接关联，但是华为人不掩饰自己身上的些许狼性特征。

华为公司是中国最多知识分子聚集的民营企业代表，这些知识分子有时是文弱的书生气，有时却像狼一样为华为的事业奋斗。华为不是从发达国家开始突破国际市场，而是首先在一些非发达国家发展，就像狼一样在贫瘠的土地上生存与发展。

华为公司的基因是 2B 产品，在消费者市场上本是空白，硬是不畏艰险，杀出一条血路，夺得全球领先的瞩目成绩。

在 5G 市场这块"无人区"，华为已经领先全球其他对手 12~18 个月，更是表现出狼一样一往无前的冲锋之态。

华为公司在 2019 年已经实现业绩 8588 亿美元，还要在未来的五年里实现 3000 亿美元的业绩，再造 1.5 个华为。在国际市场如此复杂且对华为不利的情况下，狼性的冲锋陷阵精神与力量硬是让华为公司百尺竿头再出发！

毛尖草

"毛尖草"是华为的成长模式，也成为华为的性格特征写照。

中国从计划经济到市场经济，市场需求空间很大，机会也不少，于是一些企业便开始"野蛮生长"，不顾条件、环境、因素，导致产品不过硬，市场能力弱，平均存活时间只有三五年。

在这种情况下，一些企业并不求厚积薄发，而是遵从"风口理论"，"互联网思维""颠覆性成长"成为很多企业管理者主流的价值判断以及企业成长主流模式。

华为公司却一反常态，推行"毛尖草成长模式"。

毛尖草有如下特点：毛尖草在成长初期只有一寸多高，孤寂地看着其他野草疯长。

看似"不争气"，其实毛尖草此时正在"倒长"，在漫长的半年左右时间里，它聚焦于根部的生长，其根系最深可达 28 米！它其实是在积蓄力量。

一旦雨季来临，条件成熟，毛尖草便会转换成长模式，疯狂地生长，一天甚至可以长 0.5 米，三五天后它便能够达到两三米的高度！

不久，毛尖草成为"草原之王"，高大、粗壮、浓郁。

任正非要求华为的成长要有"毛尖草式的倒生长模式"。

在成长初期打好基础，积蓄力量，在聚焦业务发展的同时关注内部管理：优化组织，搭建平台，梳理流程，构建队伍，构筑文化。关注外部机会，但不做机会主义。关注短期利益，但不因短期利益而牺牲长期的发展。

危机意识与化危为机

2001 年，任正非在华为 2000 年以销售额 220 亿元、利润 29 亿元人民币位居全国电子百强首位的时候，写出了震惊业界的《华为的冬天》一文。

开篇第一句就是："公司所有员工是否考虑过，如果有一天公司销售额下滑、利润下滑甚至破产，我们怎么办？我们公司的太平时间太长了，在和平时期升的官太多了，这也许就是我们的灾难。"

华为破釜沉舟，把危机意识和压力传递给每一个员工，通过无依赖的市场压力传递，使内部机制永远处于激活状态。

20年过去了，华为公司最高与最低战略仍然都是"活下去"。

华为的危机意识不只是苦难深沉，更多是从"危"中发现"机会"。2019年当各界谈到华为公司受到的外界恶劣影响时，任正非反而从另一个角度去理解这种恶劣外界环境，促成了对5G的宣传。

管理箴言

任正非要求华为的成长要有"毛尖草式的倒生长模式"。

在成长初期，打好基础，积蓄力量，在聚焦业务发展的同时关注内部管理：优化组织，搭建平台，梳理流程，构建队伍，构筑文化。关注外部机会，但不做机会主义。关注短期利益，但不因短期利益而牺牲长期的发展。

让华为茁壮成长的企业文化的先进性体现在哪里

"文化为华为的发展提供土壤，文化的使命是使土壤更肥沃、更疏松，管理是种庄稼，其使命是多打粮食"。任正非用生动形象的比喻刻画了文化的价值。

华为从诞生的那一天起就精心培育自己的企业文化，并不断地总结提升，使企业文化成为华为凝聚力的源泉。

任总给《华为基本法》加入"文化"命题

在《华为基本法》第七稿的讨论中，任正非亲笔加入了"文化"命题，任正非讲道："目的是让后代记住我们是一无所有的。只有靠知识、靠管理，才能在人的头脑中挖掘出财富。"关于文化，《华为基本法》是这样描述的：资源是会枯竭的，唯有文化生生不息。一切工业产品都是人类智慧创造的。华为没有可以依据的自然资源，唯有在人的头脑中挖掘出"大油田""大森林""大煤矿"……精神是可以转化成物质的，物质文明有利于巩固精神文明。我们坚持精神文明促进物质文明的方针。

这里的文化不仅包含知识、技术、管理、情操……也包含了一切促进生产力发展的无形因素。

在华为最初的概念里，文化是除资源外的经营管理要素，这脱离了狭隘的现代企业文化描述与微观范畴。

所以，华为不从专门的职能来讲文化，不只从意识形态、理念上探讨文化，使文化建设更广阔、更久远，更接近企业经营管理实际。这应该也是当下企业建设企业文化可参考的范本。

从心开始，避免主义林立

任正非曾经专门提到过找彭剑锋等六位教授合作撰写《华为基本法》的缘由：公司内部的思想混乱，主义林立，各路"诸侯"都显示出他们的实力，公司往何处去，不得要领。我请中国人民大学的教授们一起讨论一个"基本法"……几上几下的讨论，不知不觉中"春秋战国"就无声无息了，人大的教授厉害，怎么就统一了大家的认识了呢？从此，开始形成了所谓的"华为企业文化"。

任正非为什么请人大教授来指导企业的工作，除开当时的中国管理咨询实际情况外，可能还有一些要从理念、研究层面入手的原因。思想主义太多，一个企业的各路"诸侯"都想彰显自己，斗争不可避免，执行也莫衷一是或者就干脆没人干了。统一思想、实事求是的方针也成了华为当时最重要的思想建设与干部建设任务。

当时彭剑锋教授是研究人力资源的，是否要从人、从心上立足，来突破企业发展瓶颈呢？或许我们已经从后来任正非所说的"我什么都不会，就是一桶"糨糊"，将十几万人粘在一起"中找到了答案。

当时，要想避免主义林立，就需要在人心上取得突破。这也是后来彭剑锋教授多次提及任正非是人性大师的原因。人性大师，首先要凝聚人心。

我们有些企业倾向于从营销、销售策划层面出发，找第三方合作，觉得战略、管理等策略"假大空"。其实，再好的策略都需要人去实现。

价值观第一

有人讲企业文化就是愿景、使命，在愿景、使命上做文章比较能体现企业管理者的气魄、胆量与想法，因而容易被领导拿出来训话与鼓舞士气。

而华为很少讲愿景、使命，即使讲战略，也多是任正非的"活下去"这样极通俗甚至有点卑微的语言（**最新的管道战略**）。华为旨在多讲价值观。

当然，最近几年移动互联网蓬勃发展，新经济崛起，一些企业由于价值观被普众质疑，因而提及企业文化中分量最重的价值观的企业多了起来。

其实，企业文化从微观上来讲就是价值观、愿景、使命等。

为什么华为以价值观为先？

因为价值观是是非标准，是行为准则。如果没有价值观或没有好的价值观，愿景与使命是否可能会违背正确的是非标准、行为准则呢？现实证明，这种情况并不少。

当时华为的七条核心价值观是愿景实现的基础，是使命成功实现的保障。

企业的文化建设如果只遥想到愿景，没有价值观做底，那么企业就如同大海中的航船：前景无比广阔，但没有舵，始终到不了目标。

人力资源增长大于财务资本增长，人的重要性

华为公司二十几年前就提出，人力资本的增值大于财务资本的增

值，这种境界在中国是前无古人的。

而更重要的是，华为公司并不只是喊口号，2019年华为201万薪酬招聘优质毕业生已经让人津津乐道，而按照计划，华为还要按此规格在全球招募更多的天才。

我们可以从任何一个角度、一个细节来检验华为企业文化中对人的尊重和对奋斗者的认同。

以客户为中心的实际企业经营管理纲领

"以客户为中心"不只是华为公司企业文化中的核心价值观，现在也出版成书，成为华为公司的高管培训书籍。我摘录《以客户为中心》第一部分的目录如下，可初窥华为公司把"以客户为中心"作为经营管理纲领的重要观点。

为客户服务是华为存在的唯一理由

1.1. 华为的成功就是长期关注客户利益

1.1.1 天底下给华为钱的只有客户

1.1.2 要以宗教般的虔诚对待客户

1.2. 客户永远是华为之魂

1.2.1 客户是永远存在的，以客户为中心，华为之魂就永在

1.2.2 要警惕企业强大后变成以自我为中心

1.3. 客户需求是华为发展的原动力

1.3.1 公司的可持续发展，归根结底是满足客户需求

1.3.2 面向客户是基础，面向未来是方向

1.4. 以服务定队伍建设的宗旨

1.4.1 服务的意识应该贯穿于公司生命的始终

1.4.2 以客户为中心，反对以长官为中心

1.5. 以客户为中心，以生存为底线

1.5.1 以客户为中心就是要帮助客户商业成功

1.5.2 华为的最低纲领是活下去

1.5.3 公司的最终目标是商业成功

不是对外的宣传，而是对内的提升

在华为公司，企业文化的建设是对内的，不是对外的宣传之物。不少企业看似是对内加强管理的，其实是为了对外宣传有个内容依据！

我们看到，华为的企业文化内容没有华丽的辞藻、对仗的格式、教科书式的文字，而是真正对华为有效的一套文本。真正实现了对企业经营管理的深入性、有效性。

以下是一个例子。

华仔曾是全国高考状元，研究生毕业后被招到华为，凭其才智和努力很快成为一个重要项目的经理。由于出国潮的诱惑以及国际大公司的许诺，华仔一年后辞职离开了华为，去了国外。又过了一年，任正非收到华仔的来信，信中他问：能否再回华为？回答是：欢迎，但必须重新从基层做起。

华仔放弃国外丰厚的待遇，又回到华为，却成为他从前部下的部下。为什么他还愿意回来？他说："虽然华为的收入赶不上国外，但在国外我找不到工作的感觉和成就的氛围，在华为工作很荣幸，是一种缘分。"

这件事说明了华为队伍稳定、吸引人才的原因。任正非在回答"863"专家的提问时也说过："一个企业靠钱是吸引不了人的，钱的欲望总是无法填满的，建造企业真正要靠企业文化。"

_ 不只是企业管理者文化

企业文化不少情况下确实呈现的是"企业管理者文化",但企业管理者不是用来让员工"抬轿子"的,而是统一企业发展最需要的哲学、管理文化、思想等。

一些企业管理者为把企业文化变成约束员工思想的一种重要手段,将自己的想法全盘加入企业文化中,可是有些想法脱离实际,或者变成对企业管理者歌功颂德的方式,结果并不能指导行动,只能"挂在墙上"。

而《华为基本法》看到的全是企业发展应有的表达。只有符合企业发展规律的内容才可能几十年都不过时,并且愈发显现出其价值。

如以客户为中心、人力资源、股权激励制度等都不是以个人标榜的内容,而是可让企业长青的表达。

任正非作为华为创始人,虽然现在还有着非常浓厚的个人痕迹,但是他只有百分之一点多的股权,华为已经是员工的公司、大家的公司,任正非个人痕迹再浓也是在为大家出力,而非为自己。

所以,一个企业的文化精髓是否还包括老板其实就是在成就大家呢?

_ 用之于行动

企业文化是切切实实用于行动的,而不是用来高调宣扬的。

《华为基本法》是企业经营管理大纲,是行动指南,不是华为管理思想集锦。

华为的企业文化建设并没有像现在不少企业那样搞漂亮的口号、设计整套VI当作重点甚至唯一目标。而华为的企业文化建设是在春节期间学习，或者避开别的一切重要事情打扰而进行研讨，并写出总结感悟等方面。

任正非说过，华为的文化建设要杜绝员工做"布朗运动"，理念要指导或纠偏行动，是行动指南与对照参考的内容。

上下融通对接

企业文化要上能接战略、下能接制度，能统一思想，能用来行动。

在制定《华为基本法》之前，任正非曾经希望公司内部能够达成思想统一的目标，于是行政部门将一大堆原来的相关文件进行了整理，但这并不是任正非想要的，他想要的是上能打通企业经营管理思想、中能贯通战略、下能指导规章制度的一部企业纲领。

现在，不少华为研究者将其他职能、板块内容往华为企业文化中填充，如人力资源、领导力、绩效与激励等方面的成果。

企业是一个"有机体"，总会有一个纲领能够指引企业的发展。

溯源企业存在的本质

《华为基本法》解答了企业存在的最根本与唯一理由：以客户为中心。

有了核心内容，一切围绕它来表达企业的愿景、使命、企业精神、宗旨就都是实的，都不再是理论，是具体管理内在以及可执行的内容。

一些企业，一开始就是百亿、千亿级企业愿景，世界人民都得益，促进人类发展的使命等充斥在企业文化内容当中，产品与服务能力却一般，经营不善，人浮于事。

这两者确实是个很好的对照。

抱负、情怀

关于华为的企业文化，华为人曾总结出如下几大特点。

（1）宏伟抱负的牵引。
（2）为祖国、民族和为个人的双利益驱动。
（3）实事求是的科学。
（4）艰苦奋斗地工作。
（5）胜则举杯相庆、败则拼死相救的协调、合作。
（6）相互尊重、平等沟通、权威的管理。

《华为基本法》中很多条反映了这些特点。比如第一条"追求"，华为要"成为世界级领先企业"。

华为召开员工座谈会，任正非在"当代青年怎样爱国"的讲话中，充分阐述了华为人的爱国观：真正的爱国就是把国家建设好。华为从外国公司手中夺过至少10%~15%的国内市场，再争夺一点海外市场，每打赢一仗就会给父老乡亲多一碗饭，也可能多捐一点钱给希望工程，让更多的孩子多读一点书。

"华为公司若不想消亡，就一定要有世界领先的概念。"任总反复宣传这一理念。在二十多年前的1998年，华为公司制订了要在短期内使接入网产品达到世界级领先水平的计划。

任正非同《华为基本法》主笔之一的黄卫伟教授谈道："只提爱祖国、爱人民是空洞的，我这个人的思想是灰色的，我爱祖国、爱人民，也爱公司、爱自己的家人，我对自己子女的爱还是胜过对一般员工的爱，这才是实事求是，实事求是才有凝聚力。公司一方面必须使员工的目标远大化，使员工感知他的奋斗与祖国的前途、民族的命运是联系在一起的；另一方面，公司坚决反对空洞的理想，要培养员工从小事开始关心他人，要尊敬父母，帮助姐妹，对亲人负责，在此基础上关心他人，如支持希望工程。平时关心同事，以及周围有困难的人。提高自己的修养，只有有良好的个人修养，才会关心祖国的前途。为国家，也为自己与亲人，这是两部发动机，我们要让它们都发动起来。实事求是合乎现阶段人们的思想水平，客观上实现了为国家。"

华为企业文化就是这样一个建立在国家优良传统文化基础上的企业文化。

管理箴言

任正非说：文化为华为的发展提供土壤，文化使土壤更肥沃、更疏松，管理是种庄稼，其使命是多打粮食。

华为持续发展，企业文化如何落地

华为到底是靠什么活到了今天？任正非的回答是：靠企业文化，并将依靠企业文化活下去。

这个"活"需要落地才能实现。

在一般的企业中，文化大多都流于形式、口号，无法做到真正的落地，这也是困扰大多数企业家的一大难题。与之相比，华为以客户为中心、以奋斗者为本、长期坚持艰苦奋斗和自我批判的文化价值观早已在组织中根深蒂固，时刻影响着每一位华为人的行为。

华为本身就是奋斗者，所以长期坚持以奋斗者为本。至于艰苦奋斗到什么时候，没有限定。

这个没有限定，使长续执行成为可能。

一边写一边落地

《华为基本法》边写边落地，并有外力指导，持续了几年，已融入血液，能指导行动。

从1995年到1998年，前后七易其稿。

六名撰稿教授一直陪伴着华为的发展。

现在我们可以看到，华为的企业文化不只在企业内部深入人心，连外部的研究人员和专家写书、写文章也离不开华为，也就是说，华为的文化理念已经渗透到了中国商业社会的各个角落。

_ 任正非是华为"首席文化官"

任正非自称不懂技术、不懂管理、不懂财务，实际上，任正非深刻地洞悉人性，并在此基础上形成了自己的"管理哲学"。

任正非将自己比作一个"裱糊匠"，提着一桶糨糊，在这里涂涂，在那里抹抹，把大家团结在一起。

看任正非的各种讲话，有战略的，有业务的，但更多讲的是文化。

任正非认为，对文化的塑造权才是一个组织最大的权力。

现在，华为已经是 EMT 管理团队在管理企业，任正非说自己并不是很忙，主要工作是批文件与思考。而这种思考，是为华为的企业文化添砖加瓦以及升级。如 2019 年对外进行的多次访谈，看似是一种公关宣传，其实是将华为的企业文化又深又广地进行了全球性传播。

_ 自创有效的落地方式

辩论出真知。任正非不只求结果，还求企业文化在落地过程中的实效。

任正非非常懂得如何将他的思想转化为华为人共同的价值观，他曾在华为内部多次组织辩论赛，通过辩论赛传达他的思想，并影响华为人的想法。

任正非知道，要想表达出自己的想法，让华为人有统一的思想、价值观，就要让华为人都能够和他有一样的思考历程，而一个人内在价值观的确立是要经历冲突和抉择的。也就是说，有思考、有思想挣扎才能使一个人真正认同他人的价值理念。

而辩论赛是最好的制造思维冲突的形式，双方原本的价值理念会在这个过程中显露出来，最终达成共识，共同认定统一的价值观。

任正非深得这方面的要领，采取辩论的方式可以激发团队力量、荣誉感、对抗形成的凝聚力等，越辩越明。写心得是个人的，开会讨论、辩论就成了大家的，这样企业文化的有效性、凝聚力都在过程中得以形成。

在对《华为基本法》的学习讨论过程中有不少人提出疑问：华为的企业文化是否"喊得太响"？他们认为企业文化是务虚，干事才是务实，企业文化提得太高，离谬误就不远了。那么究竟怎样看待这个问题呢？

华为人认为，培养企业文化要靠灌输，靠干部身体力行，靠价值评价和分配体系，靠管理政策及制度。事实上，《华为基本法》的起草和讨论也是一次企业文化的熏陶和教育过程。

"参与感"非常重要，切忌台上讲下面听，企业文化宣讲本来就枯燥，讲些大口号就以为员工记到心里了？会做了？那是不可能的。

所以单向是不行的，双向是必须的。我基于参与感总结的一些办法可以跟大家分享：猜字游戏、抢文化红包、文化行为表演、企业文化漫画口袋书征集、企业文化小打卡。

_是统一思想的一套行动纲领

《华为基本法》是华为人日常行为的指导原则。今天看来也许没什么，但要知道这可是在20年前在中国企业文化建设上开启的先河，没有先例。

它是中国企业在改革开放初期的第一部企业管理宪章，引领了中国的企业文化建设、机制建设、纲领性的愿景、使命建设实践。

华为的文化传递来自制度，而不是来自任正非，制度的实施是没有边界的。

在国际市场上，一些国家的华为机构中当地员工占总体人数的70%，有人曾经认为跟中国人讲奋斗可以，跟外国人讲奋斗可以吗？那些本土员工是否能理解华为文化？结果发现，外国员工反而比中国员工更能认同华为文化。

为什么？因为这是一套企业纲领及与之匹配的制度体系。这不是来给他们洗脑的，而是让他们工作得更好，取得更多成就的！

_ 领导带头

任正非到现在还没有专职司机和专车。他说：我要有专车和司机，董事长就得有；董事长有，公司高层 EMT 成员就得有；EMT 有，那些大大小小的领导就不平衡了，华为就变成"车队"了。

当年，任正非在月底之时都要把自己的手机通话记录打印出来。他的手机通话记录像卫生纸一样长，任正非会带上老花镜仔细查看通话记录，如查出这个电话是打给夫人的，不能报销；这个是打给自己家里办私事的，不能报销。他把用作私事的划出来，自垫费用，要求不予报销。有人说他作秀，但当时他这样做已有 8 年，对一个 8 年始终如一的人，哪有时间与精力来这样做秀？

从这也可以看到，企业文化上，细枝末节处反而见真章。

_ 管理者身体力行

企业文化要靠各级管理者身体力行，以身作则。

几年前，网上流传出一张任正非到上海出差时排队坐出租车的照片。很多人以为这是任正非和华为在"自我炒作"。

但了解华为和任正非的人都知道，任正非至今也没有自己的专车和司机，出差都是自己排队打的，是再寻常不过的事情了。

如果任正非出差讲究排场，前呼后拥，那么其他各级管理者只会上行下效。

2017 年，任正非曾经说过一句震撼人心的话："我若贪生怕死，何来让你们英勇奋斗？！"

从这段话中我们可以深刻感受到任正非是如何以身作则、激励员工艰苦奋斗的。

负向激励与正向牵引并行

文化不仅需要正向的牵引，也需要负向的激励。

文化不是说漂亮话，道德的牵引非常重要，制度、流程的强制约束同样非常重要。

文化一定要有"牙齿"，否则就难以形成刚性约束。

我们看到华为的末位淘汰，其实就是在综合评估不符合华为"以客户为中心""以奋斗者为本""时刻不忘艰苦奋斗"的考量结果。

与时俱进，不断升级

《华为基本法》撰写组组长彭剑锋教授曾经有过一个说法，即针对《华为基本法》人们会有一些对其过时的理解，如果真要说《华为基本法》过时的话，倒不如说华为新的人力资源纲要有些升级版的味道。

按照彭剑锋教授的说法，人力资源纲要其实可能就是《华为基本法》升级版。这就代表着，华为公司再次将对人的经营与管理，依据时代发展提高到了一个新时代的高度。

有华为员工提道：如果用一句诗来形容华为的企业文化，那么便是"随风潜入夜，润物细无声"，你感觉不到它明显的存在，但是它又无处不在。而很多企业文化管控比较强的公司都是"风如拔山怒，雨如决河倾"。有些公司的企业文化要求会让你感觉到随时有无数双眼睛在盯着你，有双手在卡着你的脖子，这种不同文化管理的差异，如果没有身临其境，那么你很难体会这种微妙的感觉。

对于一个企业而言，要抓住变化的，也要抓住不变的，抓住不变的就是将成功的经验继续传承。《华为基本法》是二十多年前就制定的，有其一定的时限性很正常，而与时俱进的升级更体现了企业的发展观。

公开发行培训教材

《以客户为中心》《以奋斗者为本》《价值为纲》这三本书其实就是《华为基本法》中价值观的三大体现，而这三本书的总编也是《华为基本法》撰写成员之一的中国人民大学教授黄卫伟。

为了促进华为的企业文化更深入，《华为基本法》的撰写组成员黄卫伟教授作为总编，编写了这三本书作为高管培训教材。

当时《华为基本法》的初衷是统一高管思想。现在这三本书承担了一些相应职责，使华为的企业文化继续推进。

所以我们可以看到，二十多年以后华为的企业文化落地工作仍未停止，且一脉相承。

一切润物细无声

某华为前员工说：企业文化落地的目的都是保证企业在管理者预设的轨道上飞速前进。说来惭愧，我当年在华为的时候，没有觉得公司企业文化有特别之处，可能当时觉得所有的企业都应该是这样的，还真是"不识庐山真面目，只缘身在此山中"。现在，诸位如果有兴趣去登录一下华为公司的主页，可以看到华为不像很多公司一样用很明显的标识性文字列举华为的核心价值观，低调和务实一直是华为和华为人身体中流传至今的基因。

华为坚守企业文化培育，认同者得到了机遇、鼓励、回报；怀疑者得到了激励；反对者得到了孤立。不按公司文化做的人，最后会显得非常孤立无缘。这样就形成了一个机制：大家都往前冲，你不好意思原地不动甚至往后跑，文化因此而得到保护。好的文化会吸引更多的人加盟，而那些孤立者最终选择离开。

管理箴言

任正非说：我承诺，只要我还"飞"得动，就会到艰苦地区来看你们，来陪你们。我若贪生怕死，何来让你们去英勇奋斗？！

华为企业文化蕴含的业务逻辑和商业智慧

真正追求伟大的企业一定要有文化自觉性。文化肯定是重要的，但到底有多重要？任正非很早就曾在文章中写过这样一段话："物质资源终会枯竭，唯有文化才能生生不息。一个高新技术企业不能没有文化，只有文化才能支撑它持续发展……"

今天，任何一个加入华为的新员工都会在《致新员工书》中看到这段话。

任何一个组织，久而久之都会形成自己的"文化"。不是你决定文化，就是文化决定你。

文化自觉性要求企业从一开始就重视文化的总结、沉淀、塑造、传承、纠偏。

价值观

组织的核心竞争力来自组织的核心价值观。华为"以奋斗者为本"的企业文化为组织的健康发展注入了强大且积极的正能量。

价值观的认同是一种最高形式的认同。

真正伟大的企业，往往在本质上都是相似的。从某种程度上来说，华为的核心价值观可以说是"放之四海而皆准"的企业经营和管理"真理"。

价值观的作用是指引企业一切经营和管理活动。

全世界所有企业的"价值观"都是正确的，但如果不能成为企业一切经营和管理活动的指引，这样的"价值观"只会沦落为"永远正确的废话"。

华为核心价值观的三段论——"以客户为中心""以奋斗者为本""长期坚持艰苦奋斗"非常实在。价值观不是说来给别人听的，而是要真正做到。任何缺乏流程、制度支撑的价值观都容易流于口号。

华为的价值主张走过4个阶段：从口号文化、野蛮生长期到《华为基本法》，再到2005年左右华为全球化，最后到简略版的"小基本法"。这个体系由4个方面组成：愿景、使命、战略和核心价值观。文本更简单了，内容更简略了，更聚焦，跟国际接轨。

_ 企业文化与战略

战略和企业文化决定了一家公司的命脉，很多企业的人力资源部门做企业文化建设，却不知道企业文化从何而来、为什么要做企业文化、企业文化解决了什么。不知道这些根源，企业文化就一直难以做好，因为基础不好，高度不够。

企业文化解决的是"我们是谁"，战略解决的是"我们想到哪里""为谁服务""满足什么需求"。

一家企业从最初的文化、愿景、使命、价值观建立，到内部环境分析和外部资源分析，然后是战略制定，再到战略实施落地。

_ 企业文化与业务

"力出一孔，利出一孔"。这是华为的经营策略，验证了企业文化源于业务的成功，用几句话来概括就是"聚焦在自己优势所在，充分发挥组织的能力，以及在主航道上释放员工的主观能动性与创造力，从而产生较大的效益"。

华为公司早期提倡的压强原则和竞争策略就是基于"力出一孔"，华为公司最初并非是通信设备领域全产品供应商，产品之间的差异也非常大。华为起步于交换机，经过三十多年的发展取得了通信行业的霸主地位，但是不同产品线的发展进度和速度也是相差较大的。华为的成功在于做出了正确的战略，任正非对通信领域的产品和市场布局能力源于其爱学习揣摩，打通了企业经营管理的经脉。如华为公司的无线产品，从 2G 的跟随，到 3G 的取得局部技术优势，到 4G 的全面超越和 5G 的绝对引领，这里面处处能体会到"力出一孔"的巨大作用。

企业文化与利益、人性

华为坚持"利出一孔"的原则。华为 EMT 的宣言就是表明华为所有骨干层的全部收入只能来源于华为的工资、奖励、分红等，不允许有其他额外的收入（《华为基本法》规定员工不允许炒股或者从关联交易的行为中获利），从组织上、制度上堵住了个人谋私利、通过关联交易掏空集体利益的行为。

反观很多创业公司，在发展初期确实能保持初心，上下同欲，随着公司发展起来后，既定的战略开始出现摇摆，在既有利益面前，核心高管开始出现分歧，甚至出现严重的内部腐化问题，利用公司监管和制度的漏洞为自己谋取利益。很多公司不是倒在冲锋的路上，而是亡于内部的管理混乱，用一句话形容就是"拿到一手好牌，自己打得稀烂"。

"利出一孔"要有机制进行约束，人心在利益面前很难保证不会发生变动。有些公司高薪聘请从公检法系统出来的人员成立督导和监督体系，这也是一个不得已的办法，根本上还是要从制度、流程上查漏补缺，从文化氛围的角度影响员工的心性。华为的企业文化管理要点直指"人性"，这些都是值得中小企业学习的底层管理逻辑。

贯穿所有工作到客户、市场

"以客户为中心"是经营之道，它解决的是企业经营的原始出发点问题。企业家创办企业的动机各种各样，每个人对财富、对权力、对成就感的追求不尽相同，一家企业要想成功，必须长期坚持"以客户为中心"。任何不以客户为中心的企业，早晚都会出现问题。以技术为中心，以产品为中心，以营销为中心，以市场为中心，以政府关系为中心，也许都可以取得一时的成功，但如果客户不再为你的技术、产品和营销买单时，企业就会陷入危机。

华为发展初期，一个邮电局的小科长到深圳考察，任正非亲自炒菜给他吃。其实旁边就有大排档，请他吃饭也花不了多少钱，但是自己炒菜的感觉是不一样的，这就是注重客户的感受。

"以客户为中心"体现在华为战略上的是：质量、服务、成本和优先满足客户需求。质量好，服务好，成本低，优先满足客户需求，这才叫"以客户为中心"。

企业文化与行业发展

"深淘滩、低作堰"是华为商业智慧的集中体现，非常值得企业管理者认真揣摩。"深淘滩"就是确保增强核心竞争力的投入，确保对未来的投入，即使在危机时期也不动摇；同时不断地挖掘内部潜力，降低运作成本，为客户提供更有价值的服务。"低作堰"就是节制自己对利润的贪欲，自己留存的利润低一些，多一些让利给客户，不要因为短期目标而牺牲长期目标，善待上游供应商。

这种模式和稻盛和夫经营哲学中的"利他"思维非常相似，华为不追求利润最大化，认为这是在透支未来和伤害战略地位。2008 年的金融危机后，全球各大运营商都在消减网络建设预算，并购整合，全球价格呈现透明化，利润壁垒被不断突破，加上通信资费的不断下降，直接导致了采购设备和网络建设的需求大幅度减少。

本着维护商业生态平衡的目的，华为在满足客户需求的同时，开始从运营商的角度思考成本的降低，比如"看网讲网"，主动帮助客户寻找降低设备运行功耗和提高效率的低成本运作方案，在 2009 年开始大力推进 4G 网络的布局以及技术的研发，这是应对行业危机非常明智的选择。在强调"低作堰"的同时明确了低利润不是亏损，是保持生存能力。华为一直在和竞争对手比谁能活到最后，因为活到最后才是胜利，而不是争一时长短。事实证明华为熬到了最后，竞争对手不是倒闭就是合并，华为不用去抢第一就自然而然成为第一了。

_ 人是根本，一切事物需要人去建设

华为的文化是考核出来的，不是弘扬出来的，不是培训出来的，而是逼出来的，通过考核这个制度使每个人真正认同文化。劳动态度考核一视同仁，上到老板，下到基层员工，任正非也毫不例外。

华为的劳动态度考核使用的是关键事件法，不是靠主管打分，而是用关键事件来评定考核。比如一个员工说："我特别有责任心。"主管拿出关键事件记录看到，某天交给他一个任务，造成了严重的后果，这不就是没责任心吗？

多长时间考一次？一个季度考一次，一年考五次。到今年为止，劳动态度考核在华为已经存在十余年。

考完了怎么办？考核结果和退休金挂钩。退休金主要不取决于你在华为的工龄，而取决于你在华为劳动态度考核的结果，取决于晋升。考核直接与个人利益挂钩，作为确定工资（**主要是加薪**）、奖金和股金（华为员工持股）的依据，这就产生了一个机制。

当然，不是每个人都认同华为文化，不认同也没关系，华为会给你一种力量让你认同，并且使之变成一种自觉的行动。

你可以反对华为的文化，你可以不认同华为的文化，你可以仇恨华为的文化，没问题的！但你仇恨退休金吗？你仇恨晋升吗？你仇恨机会吗？你仇恨公司奖金和股金吗？我想绝大多数人都不会仇恨，否则不会到华为工作。华为的文化支撑主要是靠制度、奖金和股金。

一些企业的文化为什么不好？因为认同文化的人老吃亏，所以谁还认同公司的文化？谁还会在一线为客户玩命工作？

华为考核的最终目标是不让"雷锋"吃亏，让奉献者得到合理的回报，同时让偷懒的人得到惩罚。华为用制度培养优秀企业文化，而不是仅仅用道德和说教，华为相信制度的力量，相信优秀文化的力量。

企业文化是一套系统工程

华为在很早的时候就提出"单靠技术壁垒取胜的时代很快要转变为靠管理取胜，战略投入和市场规模扩大的目的是将原有的成本摊薄，持续把成本控制住，这样的市场才有可能真正产生效益"。现在很多创业公司只注意抢地盘而忽视生根开花，很多昙花一现的互联网创业公司基本都是这种"野蛮式增长"，觉得自己的产品过硬，忽视内部管理和商业价值实现，再好的商业模式也无法持久。

华为企业文化是一个多元素组成的集合，不能仅仅关注"坚持以客户为中心，以奋斗者为本，长期艰苦奋斗，坚持自我批判"，要去理解其中包含的业务逻辑和商业智慧，这才是华为文化的根基，才是值得大家深入探讨的本源。

管理箴言

任正非说：物质资源终会枯竭，唯有文化才能生生不息。一个高新技术企业不能没有文化，只有文化才能支撑它持续发展……

知识资本化与产权制度促使华为持续增长

据报道，华为公司是跻身福布斯全球500强的中国大陆企业中唯一一家海外收入超过国内业务收入的公司。2005年，华为海外市场收入首次超过国内市场收入。2012年，华为的销售收入和净利润均超过了爱立信，成为全球电子通信和网络的领导者。2019年，华为公司的消费者业务收入占比54.4%，超过运营商业务和企业业务收入。截至2019年年底，华为公司全球共持有有效授权专利85000多件，90%以上为发明专利。5G技术领先同行12~18个月，可以说华为公司是真正的又大又强。

以客户为中心

"以客户为中心"不是一条标语，华为是怎样把这个基本主张贯彻下去的呢？就是通过制度、流程变成每个人自主的行动。

例举一个我的亲身经历：我在巴塞罗那华为公司的客户展馆里看到任正非之后想拍拍他给客户讲解的照片，但我的举动被其他人阻拦了。

这个时候，任正非用余光发现了这一情况，他主动过来说："我们合影吧。"因为这是华为的客户展馆，所以我被任正非当成了客户。

这一细节很生动也很真实地说明了一件事：华为一向以客户为根本，甚至主动发现客户的潜在需要。最重要的是连任正非都身体力行，彻底贯彻，这样的企业怎么能不成功？

几年前，摩根士丹利投资公司的首席经济学家 Stephen Roach 曾带领机构投资者造访华为深圳总部。风险投资者造访，通常是希望投资。任正非委派研发体系执行副总裁费敏接待了这个代表团，后来 Roach 失望地说："我们能为他带来 3 万亿美元的投资，他竟然不见我们。"任正非对此事的解释表明了他的心声：不论公司多小，如果是客户，他都会接待，但 Roach 不是客户。

_ 创新

华为也经历了一些有严峻气候挑战的项目，如在喜马拉雅山的埃佛勒斯峰上海拔 6500 米处安装全球最高的无线通信基站、在北极圈内部署首个 GSM 网络等，这些项目都让华为积累了经验。

华为在欧洲拓展 3G 市场时发现，欧洲运营商希望基站占地更小、更易于安装、更环保、更节能且覆盖范围更广。基于这些要求，华为成为首家提出分布式基站概念的公司。这种为大型网络设计的无线接入技术也同样适用于小型专用网络。这一创新降低了运营商部署基站的成本，因此迅速风靡欧洲。

_ 激励

华为 2014 年年报显示，任正非拥有公司近 1.4% 的股份，82471 名员工持有剩余股份。这种员工持股机制被称为"银手铐"，它与更常见的"金手铐"——期权制度有所不同。员工持股制度背后的理念是任正非想与员工分担责任、分享利益，让大家"一起做领导，共同打天下"。然而，值得一提的是，只有绩效优异的员工才有资格获得股票。

有学者认为，上市将导致小部分人变得非常富裕，而大多数员工会失去工作动力。华为坚持不上市，并长期实行目前的员工持股制度，有助于确保公司始终坚持以集体奋斗为导向的价值观。

思考与行动

华为还强调"思考的力量"。华为的哲学之一是"思考能力是一个公司最可贵的品质"。例如华为确保知识交流成为公司的例行活动，每个办公室都陈列着各类书籍，鼓励高管阅读他们专业之外的书籍。公司还不断将任正非和高管的思想传达给每位员工，更重要的是，公司也及时收集员工的反馈，完善高层思想和公司的各项决策，这样的举措彰显了中国本土公司的国际化特征。

许多人都知道任正非曾在部队服役。他曾是一名中国人民解放军军官，他认为这段经历培养了自己努力奋斗的良好品质，这一品质从华为初创时期他最喜欢的口号——"胜则举杯相庆，败则拼死相救"中也能体现出来。迄今为止，华为有很多值得称赞的成功经历。

加强管理

华为的考核是分层、分类的，高层主要考核四个方面：第一是组织文化建设，第二是培养干部，第三是如何制订有效的方针，第四是工作态度。

管理是考核出来的，很多公司的管理体系、管理思想都在讲，但总是做不出效果来，或者说半途而废，为什么？因为执行力不够。执行力并不是靠培训做出来的。考核就是最好的执行力，就是持续不断地考，每个月或者每个季度考核一次，把目标定下来，看有没有改进，如果没有改就继续改，这样做执行力一定能提升。

尊重知识、尊重个性、集体奋斗、不迁就有功的员工。

市场部集体大辞职的壮举，开创了华为公司内部岗位流动制度化，使职务重整成为可能。因为创业期间他们功劳最大，都能上能下，别人还不能吗？华为公司容许个人主义的存在，但必须融于集体主义。Hay公司曾问我如何发现企业的优秀员工，我说我永远都不知道谁是优秀员工，就像我不知道在茫茫荒原上到底谁是领头狼一样。企业要发展一批"狼"，"狼"要有三大特性：一是敏锐的嗅觉；二是不屈不挠、奋不顾身的进攻精神；三是群体奋斗。企业要扩张，必须有这三要素。所以要构筑一个宽松的环境让大家努力奋斗，在新机会点出现时，自然会有一批领袖站出来争夺市场先机。华为市场部有一个"狼狈组织"计划，就是强调组织的进攻性（狼）与管理性（狈），当然只有担负扩张任务的部门才执行"狼狈组织"计划。其他部门要根据自己的特征确定干部选拔原则。生产部门要是由"狼"组成，产品就像骨头一样，没有出门就让人扔了。

劳动、知识、企业家和资本创造了公司的全部价值

我们是用转化为资本的形式，使劳动、知识以及企业家的管理和风险的累积贡献得到体现和报偿；利用股权的安排，形成公司的中坚力量和保持对公司的有效控制，使公司可持续成长。知识资本化与适应技术和变化的、有活力的产权制度，是我们不断探索的方向。我认为，企业的价值是由劳动、知识、企业家和资本共同创造的。公司实行知

识资本化，让每个员工通过将一部分劳动所得转成资本，从而成为企业的主人。我们强调员工的敬业精神，选拔和培养全心全意高度投入工作的员工，实行正向激励推动；不回避公司的不利因素，公开公司当前存在的问题，使员工习惯受到压力，激发员工努力的热情。员工要有共识，不要问企业给了你什么，要问你为企业做了什么。

管理箴言

我们是用转化为资本的形式，使劳动、知识以及企业家的管理和风险的累积贡献得到体现和报偿；利用股权的安排，形成公司的中坚力量和保持对公司的有效控制，使公司可持续成长。

向任正非学习如何交接班

华为公司为什么能成功？有专家概括成以下四句话。

（1）以客户为中心（价值来源，钱从哪里来？）。

（2）以奋斗者为本（力量来源，员工多劳多得，持股、福利、保险、培训）。

（3）长期坚持艰苦奋斗（行为来源，任何为客户创造价值的微小行动都是奋斗）。

（4）持续自我批评（精神来源，动态的创新来源，不满足、持续改进的过程）。这也是华为的核心价值观与核心理念，是普世的价值观，放之全球皆准。有生命的奋斗者将无生命的价值观一代一代传承。

这些都来自任正非的管理哲学、思想以及对整个管理的全面改进。作为企业管理者，如何学习任正非？详细解释如下。

企业家类别

有人将中国的企业家分成以下三类。

（1）技术型的企业家，公司的寿命取决于产品的寿命。

（2）销售型的企业家。公司能做多大取决于企业家能掌握多少客户资源。

（3）没有技术，也没有特殊的客户关系，但是会把人用好的企业家。任正非既不懂技术，又没有客户关系，但是他在用人方面"就像一桶糨糊，将十几万人粘在一起"，确实非常独到。他的理念就是敢于分钱，比如内部期权，很早就在运作了，这是一般人做不到的。

真正的企业家是要有胸怀的，不只为公司做经济上的贡献，还需要在商业文明提升、社会进步甚至人性升华上有所呈献。在中国，任正非算一个，他作为民营企业老板，手无任何特殊资源，成就如此商业帝国，提出与推行如此之多的企业经营法则，推进了全球商业文明的进步。

一开始就构建企业文化

任正非特别注重这个问题，在公司只有20多人的时候，他经常从外面回来以后，把员工叫在一起，上班时间给他们讲故事。

他给员工讲人生，说他最崇拜的两个人，一个是韩信，能忍受胯下之辱，最后成了大将军；另外一个是阿庆嫂，做生意的人，来的就是客，八面玲珑。对一个企业家来说，非常重要的是怎么能够带出队伍，这个队伍能够跟你同心同德，愿意跟着你干，光是发钱没有用，这是非常实际的问题。企业文化并不是公司大了才有的，在公司一成立的时候企业文化就已经开始了。

文化让企业重振雄风

郭士纳在IT业井喷初期接手IBM，柔韧而坚定地发动了一场企业文化变革，使得这家连年亏损的 IT 业"病狮"重振雄风。

李东生在 TCL 遭遇国际化重创的危机时刻，开始了"鹰的重生"的企业文化变革，使 TCL 得以扭转劣势重获市场认可……

一个企业要想长续发展，不同阶段的重点有所不同很正常。中国企业的平均年限只有几年，原因是企业发展过程中没有相匹配的经营管理重点。一些企业家认为企业文化很虚，一点都不重要，而华为在建立伊始，创始人就有了企业文化建设的思想萌芽。对企业文化的坚持让华为仍能保持每年不低于 18% 的增长。

换句话说，一个企业如果不想跌入低谷、没落甚至消失，那么文化建设必不可少！

企业家要善于思考

近几年我们已经非常清楚地看到，企业家如果没有思考只有蛮干，那么根本干不出什么事业来。如果企业不擅于思考，洞察不到自己的未来，无法探清自己的赛道，打磨不好自己的产品，未来根本就没有机会。

一个有作为的企业家，他会实践和塑造企业文化，使企业上下产生一种认同感，进而提炼出一种共同的价值观。他无时无刻都需要思考如下一些问题。

- 企业生存和发展的目的是什么？
- 我的最终奋斗目标是什么？
- 产品如何被人们接受？
- 我如何制造出最好的、最有竞争力的产品？
- 怎样把最好的人才集中到公司来，并充分地调动他们的积极性？
- 如何创造最好的战斗力，以团队的力量战胜一切？

建议企业管理者问问自己："这些问题对于我的企业以及我个人意味着什么？"把这个问题考虑清楚之后，再问自己："我的企业应该采取哪些行动才可以打造出真正的企业文化来？"

回答这些问题并付诸行动，可以显现出企业文化的力量，而拥有这种力量可以推动企业管理者在不断变化的环境中保持清醒的认识，让企业运行在正确的轨道上，并保持优越的竞争位置。

_ 人的问题

由于移动信息网络和智能技术给人带来观念上和实际生活场景的变化，使人的创造力得到极大的解放，在这种情况下，创造财富的方式主要是由知识、管理产生的，也就是说人的因素是第一位的，这是企业要研究的问题。

一些企业往往容易沉湎于产品、渠道、技术等方面的提升，甚至商业模式的膜拜、风口的追逐，但这些都需要人去实现。

华为不只以人为本，还提出以奋斗者为本，将人的问题提高到更高的高度。

_ 价值观打造

一个企业长治久安的基础是员工承认与接受公司的核心价值观。

一个企业怎样才能长治久安？华为的旗帜还能飘多久？这些都是社会各界人士关心并研究的问题，特别是最近这几年，华为公司的消息此起彼伏，大家都在关注。

华为公司在研究这个问题时，主要研究了推动华为前进的主要动力是什么，怎样使这些动力能长期稳定运行又不断自我优化。大家越来越明白，一同努力的根源是企业的核心价值观。企业发展是用核心价值观约束、塑造出来的，这样才能使企业长治久安。

客户的价值观是通过统计、归纳、分析得出的，并通过与客户交流，最后得出确认结果，成为公司努力的方向。沿着这个方向我们就不会有大的错误，不会栽大的跟头。

_ 对利润的思考

社会上最流行的一句话是"追求企业的最大利润率"，而华为公司的追求是相反的，他们不需要利润最大化，只将利润保持一个较合理的尺度即可。

华为公司追求什么呢？他们依靠点点滴滴、锲而不舍的艰苦追求成为世界级领先企业，为他们的顾客提供服务。前几年也许大家觉得可笑，小小的华为公司竟提出这样狂的口号，但是也正因为这种目标导向，才使华为公司披荆斩棘，走到了今天。

_ 目标与导向

企业若不树立发展的目标和导向，就无法建立起客户的信赖，也无法建设员工的远大奋斗目标和脚踏实地的精神。因为大家担心的是电子通信产品将来能否升级，将来有无新技术的发展，本次投资会不会在技术进步中被淘汰。

华为公司若不想消亡，就一定要有世界领先的概念。华为公司曾经制订并实施了要在短期内使接入网产品达到世界级领先水平的计划，使华为公司成为第一流的接入网设备供应商。这在当时是华为公司发展的一个战略转折点，之后经历了十年的卧薪尝胆，已开始向更高目标冲击。

管理升级

华为公司始终在改进自己的管理能力与系统，到现在为止引进管理咨询类费用已经达几百亿。公司发展很快，新的问题也在不断呈现，没有解决的老问题也会影响企业发展。华为公司通过聘请大量咨询顾问公司提供服务，通过自己的消化吸收，一点一点地整改，一步一步地前进。

人才、技术、资金是可以引进的，管理与服务却是无法引进的，必须靠自己去创造。没有管理，人才、技术、资金形不成力量；没有服务，管理就没有方向。

打造竞争力

在设计中构建技术、质量、成本和服务优势是华为公司打造竞争力的基础。

如华为公司建立的产品线管理制度，贯彻产品经理是对产品负责而不是对研究成果负责。因为不对产品负责就不会重视产品商品化过程中的若干小问题，而只重视成果的学术价值，使研究成果放置无用。华为紧紧抓住产品的商品化，一切评价体系都围绕商品化来导向，以促使科技队伍成熟化。华为公司的产品经理要对研发、中试、生产、售后服务、产品行销等负责任，贯彻沿产品生命线的一体化管理方式；要建立商品意识，从设计开始就要构建技术、质量、成本和服务的优势，这也是一个价值管理问题。

所以，华为公司有制度可以让研发人员转岗到营销岗，来促进产品更适应市场，形成更强大的产品满足市场的竞争力。

企业家与企业更替

华为通过多年的努力确立了价值观，这些价值观与企业的行为逐步形成了闭合循环。它将会像江河水一样不断地流动、优化，不断地丰富与完善管理。企业规模增大，流量不断加大，管理不断自我丰富。对于存在的问题，这次不被优化，下次流量变大时一定会暴露无遗，也会得到优化，再重新加入流程运行，不断地流，不断地优化，循环不止，不断升华。这样能慢慢地淡化企业家对它的直接控制或个人影响，那么企业家的更替就与企业的命运相分离了。

经过一代又一代华为人的努力，华为的"红旗"会更加鲜艳。一个企业是否能真正认识清楚内外发展规律，管理是否可以做到无为而治，这是需要我们一代又一代的优秀员工不断探索的问题。只要我们努力，就一定可以从"必然王国"走向"自由王国"。

在中国，有不少家族企业，无论企业多大规模，都需要交接班，将企业传承下去。"企一代"如何让"企二代"接好班，或者说成就真正的新一代企业家，华为任正非的如上经验应是可借鉴的。

管理箴言

社会上最流行的一句话是"追求企业的最大利润率"，而华为公司的追求是相反的，他们不需要利润最大化，只将利润保持一个较合理的尺度即可。

企业文化的务虚与务实

美国学者通过研究发现,日本企业具有一种特殊的企业因子,是美国企业不具备的,经过他们分析,称之为"企业文化"。

为什么美国学者会去研究这个看起来"虚无缥缈"的东西?因为他们认识到了文化是种像钉子一样坚硬的"柔软"东西,实施起来十分艰难,取得的效果却牢不可破。日本已经有多家千年企业,他们基业长青靠的并不是最先进的技术、最杰出的商业人才,而是一定有传承的"法宝"。

企业文化的功能

有人说,企业文化包括两大基本功能:一个是适应外部环境,另一个是整合内部资源。是的,企业文化是一种内外兼修与通达的企业发展重要成分。

企业文化最深层的东西是企业成员经过长时间检验已经沉淀成一种默认的共识。有趣的是,因为是默认的共识,所以群体成员自身反而难以意识到。因此,一些企业成员并不觉得自己企业的企业文化如何特殊或如何深刻,但一离开企业就会明显感觉到一言一行都有原来企业的印记。而从来没在这个企业待过的人通过接触你,甚至能大概判断出你是哪个企业的员工！

企业文化如何做实

文化的形式是虚的，但内容是实在的。

文化的感觉是虚的，但精髓是实在的。

这就像上面所说的，企业文化感觉是软的，但作用像钉子一样硬。

企业研究和实践企业文化有以下三种境界。

1．内外皆虚。

这种境界是就文化论文化。这类人最多是以前做过类似文化的行业，例如记者、编辑、CI策划、广告等。他们把大的文化概念套到企业文化上来，把文案功夫做到家，但对于企业的实际需要或文化需求可能连边都粘不上，更不要说是从战略的角度来理解文化，从哲学的高度来指导文化，从企业经营、管理的终极目标与发展意图去思考文化了。

2．下实上虚或下虚上实。

把企业文化完全作为基础的管理职能来运作，操作层面实在得不能再实在，但宏观指导精神虚得不能再虚。这类人基本上是以前在企业负责过相关的企业文化工作，有过企业文化的实际操作经验但缺乏理论支撑的所谓实战派。他们对于基础的企业文化操作流程和理论有一定认识和经验，但由于认识层面基础低，缺乏企业家层次的认识与理解，不能"跳出来"理解企业文化，所以只能负责企业文化的具体运作，从企业战略角度来运作企业文化就勉为其难了。

这类人还可能是各种"半路出家"的专家。他们把企业文化当作商业模式，打造企业文化完全脱离实际，还时不时给人高深莫测的感觉，其实连他们自己也不知道在做什么。

3．内外皆实，上下务实。

《华为基本法》是这方面的探索代表。这也是专家与企业共同努力的结果，领导挂帅，持续三年，前后易稿多次，学习切实，配以大量的针对性落地行动，企业团队本身优秀，企业经营思路方向正确，才形成了华为有口皆碑的企业文化。

文化是生生不息的，我们唯一能够做的就是在实践中探索，在探索中总结，在总结中提升。希望更多企业的企业文化内外皆实，上下务实，企业发展才能真正做实。

集体人格是虚的，更是实的

企业文化实际上就是企业沉淀的集体人格，是其他企业无法复制的竞争力，所以说"一流企业建设文化"，道理就来自于此。

如果你到华为参观，就会看到每个员工脸上都洋溢着自信、低调、谦和以及蕴藏于内心的激情，当然也包括张力，这是别人无法复制的竞争力。

2002年是华为比较艰难的时刻，我们看到华为当年的年会视频中，任正非召集一万多名员工、供应商、客户等参加年会，会上员工高昂的士气让人震惊，而更令人震惊的是，整个活动过程中没有一个人的手机铃声响起，厕所里也没有发现烟头，这在一般企业里是难以想象的。

企业文化能够外化于行动，以文"化"人。

人性是虚的，更是实的

任正非的人生经历使他懂得人性，能把握人性的弱点，找到人性的发挥与闪耀之处，并且汇聚形成企业的性格特征。企业文化展现到员工的执行层面就是人们所熟知的华为早期的"狼文化""床垫文化""激情文化"等。销售团队有"狼文化"，研发团队有"床垫文化"。一位华为员工曾说，他驻非洲华为公司负责销售工作，每天就是负责搞定订单，而华为总部的研发团队几乎24小时在线，随时帮前方解决问题，后来规范化，形成华为独特的"铁三角"。

人都有性格特征，华为也有自己的性格特征。中国有句古语：性格决定命运。华为公司的性格特征就决定了华为的命运，决定了华为公司的经营、管理内容，也就将企业文化做"实"了。

既然企业的性格特征与人一样可以描述，就能够推此及彼，进行企业文化"实"的推证了。

1. 要有爱，才会有好的企业文化。

人类的文化其实就是一类情感，而人类情感中最重要的表达就是爱。

所以，企业文化不应该是冷冰冰的一套文本，不是管理者的指令，不是权力下的企业管理意志，而是一种爱。

华为的爱首先是无私的。为了不受资本约束，华为公司一再表态永不上市。为了让大家的付出有回报，实施员工激励，工资、奖金、分红丰厚。前几年还是轮值CEO制度，为促进企业的无私治理，现在已经采取轮值董事长制度，这就是一个企业的胸怀与大爱。

另外，华为公司鼓励员工的"吃饭"招待与沟通文化，鼓励员工多走出去交流。

每次灾难疫情，华为必提供支持与捐助。2020年初的新型冠状病毒肺炎疫情，武汉作为"前线"，华为公司给武汉的员工每人每天2000元补助。这些都是华为基于爱的企业文化的高度体现。

2．要让员工放心，员工才会为你拼搏。

员工无论如何都是没有企业管理者那么大职责的，最多只有自己所处职责范围内的责任。一些企业非要让员工具备主人翁精神进行拼搏、无私奉献，这需要很大的努力，也不一定能完全实现。让员工安心做好自己的本职工作，不给员工其他过高的要求，可以使企业文化更易于深入人心与落地。

一个企业在成长、发展初期可能没有很完善的管理，那么如何找到一种简单有效的管理方法，让员工能够和公司共同发展？

2012年，华为要求12万员工在办公平台上抄写一段文字，希望公司的文化、价值观能够深入到员工的心里。这看起来是一件让人不舒服的事情，但是如果文化价值观没有深入人心，可能后面会出很多问题。

虽然一些人不理解，但是这是华为公司多种文化建设手段的结果。最早的时候，华为公司还没有太多的文本制度，任正非经常在工作之余甚至在工作时间跟员工们聊理想、抱负、人生、人性等，进行了企业文化建设的原始积累。现在企业近二十万人，不可能再采取这种半径不大的文化建设方式，而是采取大而规范、可复制的文化建设手段。

3．润物细无声，企业文化是潜移默化的改变。

好的文化需要好的引导者，如果没有好的引导者，那么员工的态度和行为也不容易发生改变。作为主管，如何在思想上感动自己的员工，让员工发自内心地接纳公司的价值观理念是非常重要的，这就是"润物细无声"的功夫。

我们不断听到和看到任正非在机场排队等出租车、亲自炒菜给客户吃、自己开车接送客户、没有专车等消息。这些不只让外人惊讶，更是让华为员工对自己所处的企业更加珍惜，愿意奉献自己而无怨无悔。

不断学习，就不虚了

任正非每周至少会读两本新书，华为内部活动的奖品大部分也是书。除了自己不间断地学习，任正非还带动全体员工学习。他曾说过：要想华为强大，唯有学习学习再学习，实践实践再实践。因此学习是华为的生活方式，也是华为非常重要的文化之一。

华为的学习体现在以下几个方面。

（1）提倡老员工做讲师。
（2）导师制。
（3）激励领导用心培养下属。
（4）提倡研讨式学习。

或许是因为任正非的父母是教师，对他教育与潜移默化让他更能理解学习的力量、智慧的价值。

管理箴言

任正非每周至少会读两本新书，华为内部活动的奖品大部分也是书。除了自己不间断地学习，任正非还带动全体员工学习。他曾说过：要想华为强大，唯有学习学习再学习，实践实践再实践。

《企业家》杂志和华夏基石公司共同打造"小华为"项目

"中小企业好,中国经济才会好!"国家倡导并大力扶持的专精特新·小巨人项目是企业未来发展的方向。以华为为代表的一批企业在全球的崛起,引得企业争相学习和实践。

结合华为成为全球一流企业的成功密码,打造出更多的"小华为",恰逢其时。由《企业家》杂志和华夏基石公司共同打造的"小华为"项目,旨在从众多"小巨人"企业中挑选出100家最具成长力的企业打造成"小华为"。本项目由华夏基石管理咨询集团首席专家、基于《华为基本法》的"企业基本法"建设发起人、新一代华为研究学者与管理实践推动者谭长春先生领衔主持。

20多年前的《华为基本法》在今天仍然大放异彩。

30年甚至更多年以后,"小华为"百花齐放。

期待大家一起来,赋能中国企业,打造更多"小华为"!

打造"小华为"服务清单

一、企业经营管理咨询服务

1. 《企业基本法》——企业自己的管理大纲
2. 战略、商业模式
3. 组织、薪酬、激励、企业文化
4. 营销、品牌
5. 竞争、产品、渠道、服务
6. 股权与期权
7. 数字化
8. 一站式服务

二、投资、科技及其他服务

1. 匹配国内顶级基金
2. 联合国家科技服务机构,促进优秀技术提报
3. 优秀企业、企业家免费高端媒体宣传推广

联系人

王老师　010-68487630
　　　　13466691261

相关培训服务清单

一、一堂课学华为

二、企业如何真正以客户为中心并落地

三、如何以奋斗者为本

四、三天两夜咨询级培训：学习华为，成就自己

五、事业合伙模式与建设

六、如何建设能打胜仗的人力资源体系

七、企业文化与精神建设

八、创业、商业模式与股权激励

九、干部与领导力

十、营销规划与策略建设

十一、第一品牌是如何炼成的

十二、企业数字化转型与升级

十三、团队与执行力

十四、组织建设

十五、企业如何做年度预算

十六、如何进行年度策略制定

高老师　18810936380

联系人